融资上市与并购

李海涛 ◎ 著

广东旅游出版社
GUANGDONG TRAVEL & TOURISM PRESS
悦读书·悦旅行·悦享人生

中国·广州

图书在版编目（CIP）数据

融资上市与并购 / 李海涛著 . — 广州 ：广东旅游
出版社，2023.10
ISBN 978-7-5570-3146-6

Ⅰ．①融… Ⅱ．①李… Ⅲ．①上市公司－企业融资－
研究②上市公司－企业并购－研究 Ⅳ．① F276.6

中国国家版本馆 CIP 数据核字（2023）第 181923 号

出 版 人：刘志松
责任编辑：陈晓芬
封面设计：东村老刘
内文排版：童天真
责任校对：李瑞苑
责任技编：冼志良

融资上市与并购
RONGZI SHANGSHI YU BINGGOU

广东旅游出版社出版发行
（广州市荔湾区沙面北街 71 号首层、二层）
邮　　编：510130
电　　话：020-87347732（总编室）　020-87348887（销售热线）
印　　刷：深圳市和兴印刷发展有限公司
　　　　　（深圳市龙岗区平湖街道辅城坳社区新工业区 A50 号 A 栋）
开本：787 毫米 ×1092 毫米　1/16
字数：203 千字
印张：13.75
版次：2023 年 10 月第 1 版
印次：2023 年 10 月第 1 次
定价：98.00 元

序言
企业成长路径与融资方式

中小企业往往从成立的那日起，便生存在融资难的困境之中。究其根本，就是单纯依赖银行的债权性融资。要从根本上解决这个问题，就必须改变目前中小企业单纯依赖银行贷款的融资架构，努力建立和健全"以股权融资为主、以债权融资为辅"的融资模式。

概言之，就是应该将上市作为中小企业融资的核心模式。

通过引入VC、PE、战略投资者，利用IPO、并购重组等资本手段，才有可能将企业打造成伟大的公司。一个创业者，只有在具备了"挣钱"的勤奋与刻苦之余，又深谙资本市场的"生钱"与"赚钱"之道，达到"钱生钱"的至高境界，才能称得上是一名真正的企业家。也就是说，一个成功的企业家=实业家+资本家，"实业+资本"是中国企业产融结合、转型升级的一条高效路径。

我们从很多企业的上市之路中，都能体会到融资的重要性。能不能获得稳定的资金来源，能不能及时融到资金，对企业的经营和发展都非常重要。这也是企业遇到的最大困境，尤其是在刚起步的创业阶段，90%以上的初始资金都是由创业者、创业团队或家庭成员提供的。

企业在不同的发展阶段，接受投资的方式是不一样的。在创业初期，可能会有亲戚朋友的帮助。但随着企业的发展、项目的扩大，要实现大规模的商业化，就需要风险投资的介入。

企业成长路径及融资方式如下图所示：

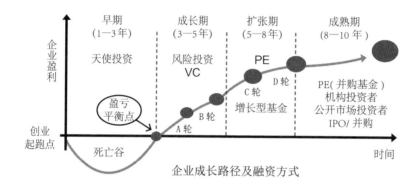

企业成长路径及融资方式

从idea想法到IPO，一个项目的完整投资过程是怎样的？

1.种子轮

团队阶段：只有一个想法或点子，还没有具体的产品。

投资方：一般是创业者自己掏钱，或者几个朋友合伙凑钱一起做。另外也会有一些专注于种子团队的投资人，但是往往投的钱不会很多。

2.天使轮

团队阶段：团队核心成员组建完毕，项目或产品趋于成型或已经拥有DEMO（小样）。商业模式初步成型，对于未来如何盈利也有了规划。在小范围内积累了一定数量的核心用户。

投资方：天使投资人或机构。

3.Pre-A

团队阶段：产品优秀、团队靠谱，且有良好的用户数据或者增长趋势明显，但是尚未达到A轮融资标准的项目。Pre-A是针对创业公司A轮投资前的投资产品，介于天使轮与A轮之间。

Idea

种子轮
项目可能只是个 idea

Demo

种子轮

天使轮
项目可能有了雏形，APP 类项目
可能只是个 demo

天使轮

Product

AI
天使投资 (Angel Investment)，发生于公司的初创、起步期，项目可能只是个雏形，很多事情都还在摸索。因此，天使投资很多都是基于对人的信任而投资，团队靠谱与否在这个阶段很重要

VC
风险投资（Venture Capital)，发生于公司步入正轨之后的早期项目已经有了一定的发展。VC 的介入，对于公司提升估值、扩大市场都是很有帮助的。VC 较为看中的是项目的长期发展（盈利）能力

X 轮
项目基本上已步入正轨，以投资顺序依次称为 A 轮、B 轮、C 轮、D 轮、E 轮……ABCD 只是一个俗成，或者叫第一轮、第二轮、第三轮……

X 轮

PE
私募基金（Private Equity)，发生于公司较为成熟的阶段，特别是 Pre-IPO 阶段。其投资金额较大，一般投资后项目在 2—3 年内会完成上市。PE 看中的是项目的短期盈利能力，即能否快速 IPO 退出得到回报

IB
投资银行(Investment Banking)，也就是平时所说的投行，它主要是帮助企业上市，上市融资后获取一定金额作为手续费

IPO

4.A轮

团队阶段：团队搭建完毕，正处于快速磨合中或已经磨合完毕，产品基本成熟同时做好大规模面向市场的准备。公司已经正常经营运作，并有完整详细的商业及盈利模式，在行业内拥有一定地位和口碑。但此时公司可能还未盈利，也没有较高的社会知名度。

投资方：风险投资机构（VC）。

5.B轮

团队阶段：拿到A轮大规模融资后，资金充裕的团队大多仍处于烧钱赚吆喝阶段，努力提高知名度和扩大影响力，最快速度积累用户。但不排除有些公司已经开始盈利。这一阶段商业模式和盈利模式得到充分检验并完善。此时公司对未来的发展已经有了详细的战略规划。

投资方：大多是上一轮的风投机构跟投、新的风投机构加入、私募股权投资机构（PE）加入。

6.C轮

团队阶段：此时公司已经非常成熟，随时有可能上市。进行到C轮时，大多公司除了拓展新业务、补全商业闭环，更有准备上市的意图。

投资方：PE，有些之前的VC也会选择跟投。

通过资本运作的解决方案，可以有效解决企业不同成长阶段的融资需求。

起步期，企业规模小、风险大，但拥有核心技术或优秀商业模式的企业存在很大发展潜力，以天使投资、风险投资等股权融资为主。债权融资能力较弱，新三板挂牌上市是较好选择。

成长期，企业的技术趋于稳定，客户稳步增加，经营风险不断下降，盈利水平增长较快，股权融资以VC、PE为主，债权融资能力逐渐增强，可以选择在创业板、新三板上市。

成熟期，企业的技术趋于成熟，市场份额比较稳定，盈利水平比较平稳，以银行贷款、公司债等债权融资为主，股权融资能力较强，可以选择主板、中小板、创业板等发行上市。

企业发展壮大的过程，也是融资的过程。资本市场在企业发展过程中起到的核心作用，就是帮助企业解决发展所面临的资金问题。资本市场是为企业融资而建立的，任何一家企业都有权去资本市场融资。

本书全面介绍了资本市场融资上市的策略，从中小企业融资现状与分析入手，主要讲述股权融资，包括天使投资、风险投资、私募股权，以及境内上市、境外上市，上市公司再融资、上市公司治理、市值管理、并购重组等，并特别介绍了互联网金融的内容，回应了新形势的要求，旨在帮助企业家在现有体制、制度框架下利用好资本市场，优化金融资源配置，为企业的发展、腾飞插上资本的翅膀。

以此为序！

李海涛

目录

第一章　资本市场与融资分析

>> 　吸引投资、上市融资，是企业做大做强的有力保障。随着国内资本市场的快速发展，中小企业上市热情持续高涨。对于国内众多的创业者而言，在企业融资之前，必须先了解资本市场，并做好融资分析。

第一节
资本市场与企业融资概况

资本市场融资，是指中小企业在金融市场上筹集到用于生产经营的额外资金。在我国，资本市场融资及其相关细节，都是十分错综复杂的。

中小企业可以通过多种不同的方式在我国多层次资本市场进行融资，最常见的形式包括债务、债券、股权和股票融资等。

1. 资本市场的概念

资本市场，也叫长期资金市场，是指证券融资和经营1年以上中长期资金信贷的金融市场，包括证券市场（债券市场、股票市场、基金市场）和中长期信贷市场及衍生工具等，其融通的资金主要作为扩大再生产的资本使用。由于在长期金融活动中，涉及资金期限长、风险大，具有长期较稳定收入，类似于资本投入，故资本市场又称为长期资金市场。

在多层次资本市场中，越来越多的企业已经、正在或计划在不久的将来通过主板、创业板、新三板等上市，利用资本的力量助力实业，从而实现转型升级的目的。

资本市场作为市场形态之一，也是由买方和卖方构成的，也就是找资本的人（贷款人）和提供资本的人（放贷人），并通过"中间人"交易，如图1-1所示。

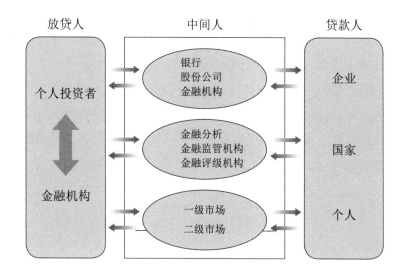

图1-1 资本市场的形态

2. 资本市场的功能

资本市场的功能，是指资本市场对经济社会发展所起的作用。资本市场的价值在于：为资金需求者筹集了资金；为资金供给者提供了财富增值；为政府提供了税收、就业，繁荣经济发展。

从国民经济这个宏观的角度来分析，资本市场主要有三大功能：筹资投资功能、资本定价功能和资本配置功能，如图1-2所示。

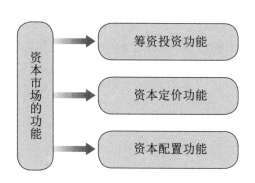

图1-2 资本市场的功能

（1）筹资投资功能

资本市场的筹资投资功能，是一个相对的概念，是指资本市场一方面为资金需求者提供了通过发行证券筹集资金的机会，另一方面为资金供给者提供了投资对象，而交易的任何证券既是筹资工具，也是投资工具。

在经济运行过程中，既有资金盈余者，又有资金短缺者。资金盈余者为使自己的资金增值，必须寻找投资对象；而资金短缺者为了发展自己的业务，就要向社会寻找资金。为了筹集资金，资金短缺者可以通过发行各种证券来达到筹资的目的；资金盈余者则可以通过买入证券而实现投资的目的。

筹资和投资是资本市场基本功能中不可分割的两个方面，忽视其中任何一个方面都会导致市场出现严重的缺陷。

（2）资本定价功能

资本市场的定价功能，就是资本决定价格。证券是资本的外在表现形式，因此证券的价格实际上是证券所代表的资本的价格。证券的价格是证券市场上证券供求双方共同作用的结果。

证券市场的运行形成了竞争关系，这种竞争的结果是：能产生高投资回报的资本，市场需求大，相应的证券价格就高；反之，证券的价格就低。因此，资本市场提供了资本的合理定价机制。

（3）资本配置功能

资本市场的资本配置功能，是指通过证券价格引导资本的流动从而实现资本合理配置的功能。证券价格的高低实际上是该证券筹资能力的反映，能提供高报酬率的证券一般来自经营好、发展潜力巨大的企业，或者是来自新兴行业的企业。由于这些证券的预期报酬率高，其市场价格相应也高，因此筹资能力就强。于是，证券市场引导资本流向能产生高报酬的企业或行业，使资本产生尽可能高的效率，进而实现资本的合理配置。

通过资本市场的三个功能可以看出，资本市场产生时就肩负着为企业融资的使命，与企业发展密不可分。

3. 我国中小企业融资现状

中小企业在我国经济发展中是一支重要力量,是我国国民经济的重要组成部分,但是融资难制约了它的发展。中小企业融资难,主要是自身原因造成的。

由于自身的特征,中小企业存在生产技术落后、市场规模小、融资规模小、偿债能力弱、财务规范性差、缺乏完善的公司治理机制等问题,抵御风险的能力一般较弱。因此,大型金融机构很少有针对中小企业的金融服务方案,而为了控制风险,更是设置了复杂的风控手续。

实际上,中小企业获得银行贷款较难,在发达国家和发展中国家都不同程度地存在。中小企业在资本市场的直接融资,主要依靠民间投资、私募基金、担保公司、投资公司等,以及通过做大做强后的股票融资、债券融资来获取企业发展所需要的资金。

除了客观条件的限制以外,中小企业融资难主要还在于自身存在许多认识上的误区。要规避这些误区,就要选择正确的融资策略,才能走上资本运作的金融大道!

中小企业融资误区体现在以下几点,如图1-3所示。

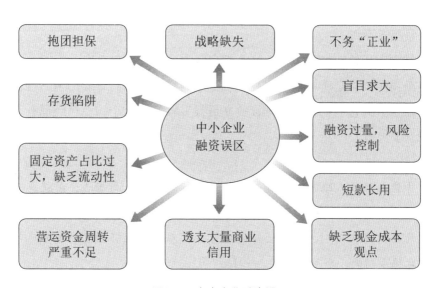

图1-3 中小企业融资误区

（1）战略缺失

《中国企业家》做过关于"中国企业梦百年"的调查，在对数百家夫妻店、中小企业的调查中，针对"想做百年企业，并且能够成功"这个问题，60%的企业认为成功概率只有1%，不到20%的企业认为有5%的成功率，而其中真正为此制定发展战略的企业，不到5%。

对中小企业来说，别说存活百年，很多人甚至连这个想法和打算都没有，那还谈什么做大做强呢？

企业出了问题，往往是头痛医头，脚痛医脚。至于以后发展成什么样子，中小企业主一片迷茫。产品研发有问题，马上解决研发问题；营销出毛病，马上解决营销上的毛病；广告没有跟上，马上解决广告问题。企业老板整天疲于奔命，到处救火。

出现这些问题，根本原因出在企业主身上，他们没有从企业的长远发展战略目标上着手。结果是企业主整天不断救火，而企业依然是问题不断。

（2）不务"正业"

夫妻店创业失败最大的原因，往往不是因为机会太少，而是因为机会太多，创业者抵挡不住各种赚快钱的诱惑，什么钱都想赚，才导致了最后什么钱都赚不到。

其实，从长远来看，每个行业都有赚钱的公司，也都有亏损的公司。那些赚钱的公司之所以效益很高，不是因为它们所在的行业比别的行业更好，而是因为它们已经在这个行业立足很多年，在这个行业已经拥有了一定的竞争优势。

牙膏在很多人眼里，算是一个普通的行业，但是高露洁公司就是坚持卖牙膏，卖成了一家具有200多年历史的跨国公司。200多年来，高露洁不被其他的任何商机吸引，就是坚持卖牙膏。可以说，能够一直坚持专业化，是它取得成功的一个关键因素。

（3）盲目求大

企业都有做大的心态，热衷于追求经济总量的扩张。靠兼并、重组迅速扩张，常常成为企业倾向性的选择。然而"做大"容易"避险"难，企业盲目求大，铺摊子上规模的道路并非一片坦途，在扩张决策制定、扩张后的整合管理过程中，稍有不慎，便可能埋下风险，致使企业陷入进退两难的泥潭。

企业扩张，必须高度警惕这些风险：决策偏离战略，徒有规模；盲目扩张求大，忽视供求规律；调研不充分，信息不对称；财务安排不细致，隐患重重；有进无退，志在必得；整合不力，导致前功尽弃；文化冲突，扼杀扩张成果；管理能力虚弱，扩张预期流产等。

（4）融资过量，风险控制

中小企业利用负债融资，虽然可以降低资金成本，但是会增加财务负担。所以企业必须权衡财务风险与资金成本的关系，控制资产和负债的比例，确定最佳资本结构。如果融资过量，负债过多，企业的财务负担就会相应地加重。

中小企业可以通过负债融资优化企业资本结构，同时，可以选择发行股票和债券来减少财务负担。

（5）短款长用

负债分长期负债和短期负债，由于负债期限的不同而形成负债的期限结构。制定合理的负债期限结构，避免短款长用，避免资金期限结构失衡，充分考虑公司的长短期投资计划及其他具体情况。

短期负债满足企业流动资产的需要；长期负债满足企业长期资产的需要。这样的负债结构，可以合理地筹集和使用资金，降低财务风险。

（6）缺乏现金成本观点

现金是企业流动资产的重要组成部分，是指企业在生产经营过程中以货币形态存在的资产，是企业流动性最强的一种资产。

企业持有现金有四个动机：交易动机、预防动机、投机动机、融资动机。因此产生了企业的现金成本，包括四部分：

第一，机会成本。企业不能同时用该现金购入有价证券而放弃的投资收益。

第二，管理成本。企业保留现金并对现金进行管理所发生的费用。

第三，转换成本。企业用现金购买有价证券以及转让有价证券换取现金所需付出的交易费用，即现金同有价证券之间相互转换的成本。

第四，短缺成本。现金持有量不足又无法及时通过有价证券变现加以补充而给企业造成的损失，包括直接和间接损失。

（7）透支大量商业信用

商业信用是企业在正常的经营活动和商品交易中由于延期付款或预收账款所形成的信贷关系。商业信用是社会信用体系中最重要的组成部分。

商业信用主要的形式有赊购商品、预收货款和商业汇票。由于具有很大的外在性，商业信用在一定程度上影响着其他信用的发展。

当前，企业能获取自己的商业伙伴多大的信用额度，主要取决于对方实现销售目标的需要和对方经营者的感觉。商业信用普遍处于一种自发状态，缺乏监管。如果企业透支大量的商业信用，应付款超负荷，那么在现金不足时，就容易引发商业伙伴的追债。

（8）营运资金周转严重不足

营运资金是流动资产减去流动负债后的余额，是用于营业的资金部分。营运资金的周转情况可用于评估企业补偿短期到期债务的能力。

一个企业的资产，既有流动性大、变现能力强的流动资产，也有长期占用、流动性差的固定资产，还有价值及流动性难以确定的无形资产等。

供生产经营的资产仅为流动资产，而流动负债期限短，必须在短期内用流动资产来清偿。如果一个企业的营运资金严重不足，将会无法还清短期负债。

（9）固定资产占比过大，缺乏流动性

资本结构是指企业各种资本的价值构成及其比例关系，是企业一定时期筹资组合的结果。企业进行筹资过程中，如何合理安排企业资金构成的比例关系，确定最佳资本结构，是使企业正常运行的关键。最佳资本结

构是指在一定条件下，使企业加权平均成本最低，企业价值最大的资本结构。

固定资产属于非流动资产，如果固定资产在资本结构中占比过多，企业资产就会缺乏流动性。

（10）存货陷阱

存货是生产经营过程中不可缺少的资产，也是保证生产经营活动连续性的必要条件。为了保证生产经营的持续性，企业必须有计划地购入、消耗和销售存货，进行存货管理。

实施存货管理，控制存货占用资产的比例，分析存货占用不合理和形成积压的原因，以提高存货的流转速度，最终提高企业的效益。

然而，很多中小企业的经营管理不规范，存货占用大量的企业资金。这些企业往往从初创时起就忽视存货管理，不注意控制存货占用比例，甚至认为大量购进存货可以获得低价优势，而忽视了存货成本管理。最终，企业存货积压，流动资金紧缺，在一定程度上影响了正常的生产经营活动。

（11）抱团担保

当前，中小企业间互相担保的现象大量存在。中小企业之间互相担保申请贷款，产生连带风险，一旦其中一家因经营不善而出现财务问题，就会引发连锁反应，影响其他企业的正常经营活动。

许多人害怕融资，害怕贷款，他们宁愿靠自有资金滚雪球式地慢慢发展，也不愿向外界借一分钱。如果行业的发展变化比较缓慢，这种经营理念也不算保守；但如果处于互联网这样的行业，这种经营理念就会给公司带来风险。

实际上，过于保守，完全靠自身资本积累，不敢进行融资，这类企业在现实中占有很大的比例。通常来说，中小企业在"一次创业"时，由于规模小，多数企业可以自行解决资金投入问题，但"二次创业"要转变经济增长方式，实现可持续发展，需要采用新工艺、新技术、新设备，需要大额资金，完全依靠"一次创业"时所积累的资金，根本不可能进行"二

次创业"。但许多中小企业过于保守，不愿再承担风险，最终走向衰败。

我们从很多企业的上市之路中，都能体会到融资的重要性。企业能不能获得稳定的资金来源、及时融到资金，对经营和发展都非常重要。这也是企业遇到的最大困境，尤其是刚起步的创业者。在创业阶段，90%以上的初始资金都是由创业者、创业团队或家庭成员提供的。任正非刚创业时的2万多元，也是他和其他合伙人一起筹集的。

但是企业在不同的阶段，接受投资的方式也不一样。在创业初期，可能会有亲戚朋友的帮助。随着企业的发展、项目的扩大，需要大规模的商业化时，就需要投资人介入。

第二节
初创期企业资本市场

中小企业最关心的问题包括：PE与VC的区别、私募股权融资是如何运作的、引入PE的商业计划书如何撰写、什么是"适合"的私募股权基金、如何与私募股权基金谈判、如何确定私募股权融资的价格、如何签订私募股权融资的法律文件，以及为什么上市。

1. 天使资本：初创企业启动资金

天使投资（Angel Investment，缩写为AI）是一种权益资本投资形式，指具有一定净财富的人士，对具有巨大发展潜力的高风险的初创企业进行早期的直接投资。天使投资是风险投资的先锋，属于自发、分散的民间投资方式。

处于种子期的创业者将创意和设限还停留在笔记本或者脑海的时候，风险投资很难眷顾他们。这时，一些具有一定储蓄的个体投资人（也就是天使投资人）如同双肩长翅膀的"天使"，飞来帮助这些有创意的人，为企业"接生"。

天使投资人为创业初期的企业甚至是创意期的创业者提供最初的资金支持，以帮助创业企业迅速成长。资金额从几十万元到几百万元、上千万元不等。

2. 股权众筹：参与者多，单笔金额小

股权众筹，是基于互联网渠道的融资模式，公司向普通投资者出售一定比例的股份以获取资金。

由于初创企业很难融资，或无力负担正规渠道高额的融资成本，不得不寻求新的融资渠道。而基于互联网的众筹平台，将筹资者与投资人直接连通，使众筹融资快速发展。

股权众筹是一种公开、小额的股权融资活动，它有三个明显特征：公开性、小额性和大众性。任何单位和个人要想开展股权众筹融资活动，必须经过证监会的批准。股权众筹利用众人的力量，集中大家的资金、能力和渠道，为个人或某项活动等提供必要的资金援助。

3. 风投融资：风投机构为创业者提供持续的资金

风险投资（Venture Capital，缩写为VC）简称"风投"，又称"创业投资"，是向起步期的初创企业提供资金支持并取得该公司股份的一种投资方式。

职业金融家将风险资本投向新兴的、迅速成长的、有巨大竞争潜力的未上市公司（主要是高科技公司），在承担很大风险的基础上，为融资人提供长期股权资本和增值服务，培育企业快速成长，数年后通过上市、并购或其他股权转让方式，撤出投资并取得高额投资回报。

4. 私募股权：Pre-IPO时期的成熟企业

私募股权投资（Private Equity，缩写为PE），是指通过私募形式对私有企业即非上市企业进行的权益性投资，在交易实施过程中附带考虑了将来的退出机制，即通过上市、并购或管理层回购等方式，出售持股获利。

这里我们所说的PE，主要是指对成长期企业的一种投资形式，公司已经形成一定规模，并产生稳定现金流。

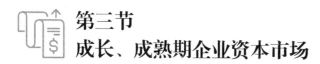

第三节
成长、成熟期企业资本市场

企业IPO，如何选择板块？这要根据板块的特点来决定。主板、中小板、创业板、科创板、新三板，以及北交所，都是经国务院批准设立的全国性证券交易市场，共同构筑了我国的多层次资本市场。如图1-4所示。

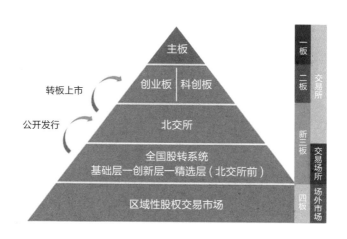

图1-4　我国多层次资本市场示意图

1. 主板：大型蓝筹、行业龙头、骨干型企业

主板针对大型蓝筹企业挂牌上市，分为上海证券交易所主板（股票代码以60开头）和深圳证券交易所主板（股票代码以000开头）。

选择在主板上市的企业，多为规模较大、市场占有率高、基础较好、收益高、风险低的大型优秀企业。

2. 中小板：中型稳定发展企业

中小板针对中型稳定发展但未达到主板挂牌要求的企业，属于深圳交易所的一个板块（股票代码以002开头）。

选择在中小板上市的企业，多为即将或已进入成熟期，盈利能力强，但规模较小的中小企业。

3. 创业板：科技成长、自主创新型企业

创业板针对科技成长型中小企业，属于深圳交易所的一个板块（股票代码300开头）。

选择在创业板上市的企业，多为自主创新企业及其他成长型创业企业，主要为"两高""六新"企业，即高科技、高成长性、新经济、新服务、新农业、新能源、新材料、新商业模式的企业。

创业板采用核准制，符合条件的公司需要审批通过才能上市，要求较为严格。

4. 科创板：高科技创新企业

科创板在上交所上市（股票代码以688开头）。它服务于符合国家战略、突破关键核心技术、市场认可度较高的科技创新企业。

科创板采用注册制，上市要求更为宽松。

5. 新三板：中小微型非上市股份有限公司

新三板在全国中小企业股份转让系统交易所上市（股票代码以8开头），这是沪深交易所之后的第三家全国性证券交易场所，位于北京。

选择在新三板上市的，主要为创新型、创业型、成长型中小微企业。

6. 北交所：股转系统中的精选层企业

北交所是我国多层次资本市场中重要的一环。过去有"2+1"个交易所，"2"是指上交所、深交所这两个最常见的交易所；"1"是指全国中小企业股份转让系统，虽然名字中不带"交易所"的字样，但在定位和功能上等同于交易所。现在北交所是第四家。

从职能划分上，上交所和深交所绝大多数股票属于主板市场。上交所的科创板和深交所的创业板属于二板市场。全国股转系统属于三板市场，从沪深交易所退市的股票和大量暂不符合到沪深交易所上市的股票在这里上市交易。

股转系统分为三个层次，从低到高依次为基础层、创新层、精选层。为了给股转系统中的优质股票提供更好的融资和发展平台，管理层把股转系统中的精选层拿出来放到专门成立的北交所交易，以后符合股转系统精选层标准的股票都可以直接到北交所上市。

在北交所上市的股票，在符合规定条件后可以"跳龙门"，申请到科创板或创业板上市。也就是说，北交所是从股转系统分离出来的一个小而精的交易所，本质上还是属于新三板，但是进一步打通了股票上行的通道，更便于小而精的股票发展。

第二章　融资，你准备好了吗

>> 融资是中小企业发展壮大的必然选择。如果将资金看作是中小企业生命体中的血液，那么融资则为中小企业的成长起到长远的造血作用。

>> 融资之前，需要做哪些准备工作呢？

第一节
融资观念的准备

为什么要树立正确的融资观念？因为观念决定一个企业能走多远。融资是一项认真而严肃的业务，涉及企业经营管理的方方面面。企业在融资时必须树立以下几种观念，如图2-1所示。

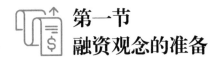

融资观念 1	打破旧的办企业观念，尤其是融资观念，不要等到缺钱才找钱
融资观念 2	要把建立"当代企业融资战略规划"与公司发展战略规划放在等同且极其重要的位置
融资观念 3	信用就是资金，企业要树立和打造良好的融资信誉
融资观念 4	企业要规范各种管理制度，尤其是财务制度

图2-1　企业融资观念

1. 不要等到缺钱才找钱

为什么说不要等到缺钱时再贷款融资呢？第一，短时间内很难找到适合自己的资金来源；第二，成本高，可能只注重时间；第三，银行等资金方是盈利机构，很少会雪中送炭；第四，增加资金链短缺与企业倒闭的风险。

所以，企业应提早进行融资规划，科学决策，尽力降低融资成本。

对于初创期、成长期的企业来说，未雨绸缪是一种非常可贵的智慧。等到缺钱时再去融资，就会失去更多的谈判资本，也不可能做出正确的符合自身融资需求的决定，进而推高融资成本。

在企业盈利的时候去融资，在不需要钱的时候去贷款，这样才能够最大限度地降低融资成本。也就是说，不需要钱的时候才是融资的最佳时机。

2. 建立"当代企业融资战略规划"

无论是创业企业还是成熟企业，建立必要的融资战略，都是企业健康发展的核心，也是企业稳健发展的保障，更是企业抵抗风险的基础。

想要融资，先变观念。

比如，我在外授课，有学员谈到经常有创业者不舍得分股份或不愿与人合作导致股权融资难以实行。其实此乃人之常情，要找个合适的股东合作确实不易，但企业自身实力不足又想发展壮大，走股权合作、共享财富也是必由之路，不可能有风险与人共担而权利自己独享的好事。

3. 树立和打造良好的融资信誉

商界流传一种说法："百万元企业经营的是体力劳动的生意，千万元企业从事的是脑力劳动的生意，亿万元企业从事的是诚信的生意。"这说明，要把生意做大做强，一定要把诚信放在最重要的位置。

融资也是同样的道理，表面是借钱，其实是企业信用度的体现。

信用即资金，融资就是融信用。有了良好的信用记录，融资难的问题就可以得到根本的解决，企业就可以进行专业的融资策划，走资本运作道路，到资本市场进行直接融资，迅速发展走向成熟，美誉度再度提升，又多了一张美丽的名片。企业步入了这种良性循环，融资再也不是难题，融资成为企业腾飞的有力工具。

4. 规范各种制度，尤其是财务制度

很多人并没有意识到，一次完美的执行，应该是效率与效益的统一，而不仅仅是要一个好的结果。效率是指在有效的时间内完成任务；而效益，强调的是制度约束下的结果。

脱离了制度约束下的结果，看似完成了任务，实际上却可能给团队的长久发展带来更大的隐患。因此，一次有效的执行，应该是在有效的时间内，在不违反公司制度的前提下，严格按照工作的流程，完美地完成工作任务。

尤其是财务制度，它是企业制度中最为关键的制度之一，它能够指引财务管理工作的方向，提高财务管理工作的纪律性和工作效率。财务制度可以助力企业在经营中坚持勤俭节约，精打细算，遏制铺张浪费，减少一切不必要的开支，降低消耗，增加积累，有效地促进财务管理目标的实现。

财务制度出现问题，后果非常严重。

例如，孙宏斌的"顺驰速度"曾经是房地产业内的奇迹，但奇迹终究未能有一个完美结局。由于过于冒险的财务政策以及疏松的运营管理，顺驰资金链在宏观政策巨幅调整下终于支撑不住，顺驰以12亿元的"跳楼价"将自己托付给了路劲基建。

第二节
融资前，先练好"内功"

不少中小企业在融资困局中只看到外部环境的严苛、金融机构的歧视，在"怨天尤人"之余，未曾正视自身存在的问题。要想打动投资人，就得练就以下"内功"，主动创造有利于融资的条件，用过硬本领赢得青睐。如图2-2所示。

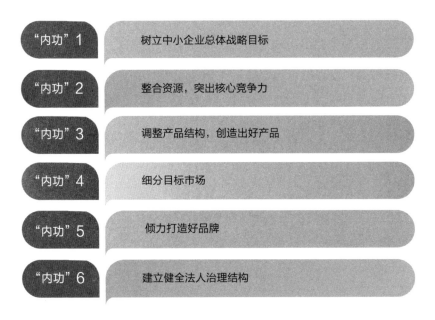

"内功"1	树立中小企业总体战略目标
"内功"2	整合资源，突出核心竞争力
"内功"3	调整产品结构，创造出好产品
"内功"4	细分目标市场
"内功"5	倾力打造好品牌
"内功"6	建立健全法人治理结构

图2-2 融资前先练好"内功"

1. 树立中小企业总体战略目标

中小企业树立自己的战略目标，主要考虑以下几个方面。

第一，明确企业愿景和使命。要制定企业的战略目标，首先需要明确公司的愿景和使命，这是公司战略定位的基础。

第二，确定企业的发展方向和目标。根据外部环境和内部能力，确定企业的发展方向和目标，包括市场份额、销售额、利润等具体指标。

第三，实施和监控战略。制订具体的实施计划，确保战略方案的顺利执行，同时定期对战略实施情况进行监控和评估，及时调整战略方案。

第四，考虑目标的优先级。要对不同的战略目标进行优先级排序，明确哪些是企业最重要的目标，哪些是次要目标。

第五，强调执行能力。制订战略目标不是终点，更重要的是如何执行和实现这些目标，这需要企业具备强大的执行能力。

总之，中小企业在制定自己的战略目标时，需要充分考虑内外环境因素，明确企业的发展方向和目标，制定相应的战略方案，注重目标的可衡量性和优先级，同时强调执行能力，以确保战略目标的实现。

战略要专注，是一个企业尤其是创业型企业成功的基础。现代管理之父彼得德鲁克曾说，成长型企业的成功，依赖于它在一个小生态领域中的优先地位，主要是占领市场中的某一个小领域，免受竞争和挑战，在大企业的边缘地带发挥自己的独特专长，争取在一些特殊的产品和技术上成为佼佼者，逐步积累经营资源，求得发展。

2. 整合资源，突出核心竞争力

很多企业最常犯的错误就是，没有把自己的所有精力放在一个点上。用"一哄而上、一哄而下"来形容它们在市场上的状态再贴切不过了。有的企业兴趣广泛，这山望着那山高，在一个领域开拓不久，又涉足另一个领域。结果是分头投资，战线拉得很长，没有形成核心竞争力，最终淹没在市场浪潮中。

现在市场竞争那么激烈，在一个点上集中全力都不足以保证成功，更何况没有集中全力呢？所以说，企业只有集中资源才能建立竞争优势，在市场上争得一席之地。

在企业管理上有一个策略叫作"聚焦策略"，它的核心就是集中资源，建立竞争优势。它指的是公司把优势资源集中于某一个特定的细分市场，在该特定市场建立起比较竞争优势，比竞争对手更好地服务于这一特定市场的顾客，并以此获取高收益率。

比如，沃尔玛强大的聚焦策略，成就了它在世界零售业中的"巨无霸"地位。沃尔玛在建立之初就已经完全体现了它的聚焦策略：同行业的竞争对手重点聚焦城镇，而沃尔玛则把精力集中在市场狭窄且极具挑战力的乡村市场。

之所以选择这个市场，一是竞争对手忽视它，二是那个时候美国乡村小镇居民已经有了足够的购买力，但生活条件和基础设施不完善，有潜力可开发。

沃尔玛的出现吸引了周围几十甚至上百千米的居民前来购物。这一原本在别人看来无利可图的市场区域给沃尔玛带来了生存与发展的机会。沃尔玛用"农村包围城市"的办法，迅速占领了全国的零售市场，接着把目光瞄向国际市场。

沃尔玛正是通过集中优势资源，向这些新的细分市场的顾客提供特殊的产品和服务，满足了他们不同的需求，建立了差异化竞争优势。

可以说，如果没有采用聚焦策略集中所有资源来形成竞争优势，沃尔玛别说是开拓国际市场，在国内市场上也会艰难万分。在某种程度上，没有聚焦策略，就没有沃尔玛今天的成功。

尽管一个企业所聚焦的目标市场的范围和规模并不大，但由于可以集中精力向特定的顾客提供更好的产品和服务，公司仍然可以获得超过平均水平的收益率，取得意想不到的成就。

3. 调整产品结构，创造出好产品

对任何一个行业来说，优质的产品都是营销的基础。产品的品质，决定了公司的未来。

消费者看重产品物理价值本身，有时候，当产品本身的品质与其高价格不匹配时，他们也很容易转换品牌，并会将产品的负面信息向其他人传播。

比如，有一位家庭主妇这样说："我家的烟灶、微波炉，加上抽油烟机、炉灶那一套，之前是伊莱克斯的。但我的保姆经常向我投诉说这些不好，功率不够，虽然漂亮，但不适用我的家庭。后来身边的朋友推荐用国产大功率的，国产品牌的设计更注重中国消费者的需求，更契合中国的厨房环境，我就换了方太。"

可以说，消费者的自我性非常强，体现在他们购物时的随意和理性。随意指的是，他们并不会为了显示自己的财富而只买一线品牌，理性指的是他们对产品本身的关注，他们寻求的仍然是性价比最高的商品。

因此，对中小企业而言，第一要务是练好内功，从产品本身下功夫，把控好产品的品质、设计、工艺、造型等基本价值，从各个细节锻造一流品质的产品。好的产品会说话，它是一个自动营销专家。

4. 细分目标市场

任何一个产业的规模都是相对有限的，一家企业如果不惜一切代价与对手竞争，即使获得最终的胜利，在竞争期间也会付出巨大的代价。

事实上，很多企业在技术、资金、人力资源等各方面几乎都没有优势可言。在这种情况下选择与竞争对手硬打硬拼，其结果只能是一条，那就是被对手击垮，直接退出竞争。

企业在分析对手的不足并去弥补这个不足的过程中，就做到了细分市场，开辟出了蓝海。很多创业者都抱怨市场空白太少，没有发展机会。事实上并不是没有市场空白，而是由于他们只想跟对手直接竞争，没有弥补对手不足的思想，结果当然就不可能发现属于自己的蓝海了。

5. 倾力打造好品牌

品牌建设是企业成功的重要基石，它可以帮助企业树立独特的品牌形象和价值观，提高品牌的认知度和美誉度，从而在激烈的市场竞争中获得更多的市场份额和客户忠诚度。

通过品牌定位、品牌形象、品牌营销和品牌管理等方面的全方位建设和运营，企业可以打造出符合市场需求和消费者需求的成功品牌。

6. 建立健全法人治理结构

很多中小企业通过融资不断扩张规模，但是企业管理却越来越粗放、松散。随着不断扩张，中小企业应不断完善公司治理结构，使公司决策走上规范、科学的道路，通过规范化的决策和管理来规避企业扩张过程中的经营风险。

建立健全法人治理结构，关键在于避开以下禁忌。

禁忌1：部门职责不清

企业组织管理混乱是中小企业的通病，其中部门职责不清是最常见的问题。比如，商贸类企业的市场部和销售部在促销活动和对外媒体宣传上有重叠，生产型企业的采购部和设备部在专业设备采购询价比价上有重叠，以及人力资源部和办公室在员工办公秩序管理上有重叠等。

出现职能重叠和空白的直接后果，就是有的事没人做，有的事大家争着做，造成部门之间产生矛盾，浪费公司资源，影响工作效率和质量，一段时间后还会严重挫伤员工的工作积极性。

禁忌2：管理层级多

通常企业管理层级越多，其管控难度就越大，响应反馈的时间也就越长。

比如，有些中小企业为了对外联系的方便，设置了各级副总、副经理和助理等。有一家200多人的中型企业，从普通员工到董事长共有11个级别，员工汇报工作要逐层逐级汇报审批，严重影响了工作效率。

管理层级多，管理人员就要相应增加，管理者又不能没有事做，只能是副总做总监的工作，总监做部门经理的工作，造成管理角色错位，对公司来说也是"大材小用"，浪费人才资源。

由于高层管理者参与细节性的事务很多，基层员工和中层管理者也就不积极，所有事情往上集中，有的高层就会误认为"下面的人能力有限，无培养价值"，造成企业"内部有才不用却外部高薪求贤，空降兵因无空间施展能力又流失"的恶性循环。

禁忌3：责、权不统一

责、权不统一是中小企业常见的组织问题，一方面企业中层普遍反映责任多、权力少，另一方面企业主又觉得下属大事小事都要找自己定。

由于不能有效授权，企业领导都感觉很累，能力、精力完全受制，企业高管就出现了"大领导跑市场、小领导跑管理"的现象，"情况"层层汇报，"指示"层层下达，容易导致效率低下，推卸责任，影响主动性，增加协调成本。同时权限过于集中在高层，也会使高层陷入大量事务性工作中，不利于高层考虑企业战略发展等重要问题。

企业不向下授权不行，授权超越必要的控制也不行。很多企业之所以不能充分授权，主要是由于没有建立有效的内部管控机制。企业若要解决授权又不失控的问题，就须规范内部流程和建立管控机制。

禁忌4：部门协同差

对于中小企业来说，提升组织效率的实质，就是全体员工工作行为的协同、一致和有效，实现"1+1＞2"的效应。

但是，很多中小企业部门之间存在壁垒，常出现推诿和扯皮的现象，有的员工甚至有"有时候跟内部部门之间的合作还不如跟外部单位的合作"的心理。

第三节
善于借助内外部力量融资

　　融资是企业整个经营活动的起点。在持续经营过程中，企业随着扩张会寻求新的投资项目，也会不断产生新的资金需求。因此，融资不仅是经营活动的起点，同时还贯穿于整个生命周期，企业需要善于借助内外部力量进行融资。

1. 融资管理：了解中小企业不同阶段的资金需求

　　初创期和成长期的企业对资金的需求最为突出，且不同的阶段对融资的要求也不一样。

（1）初创期的融资目的：满足经营周转需要

　　在企业日常生产经营活动运行期间，需要维持一定数额的资金，以满足营业活动的正常波动需求。

（2）成长期的融资目的：满足发展需要

　　成长期的企业进入了快速发展周期，往往因市场行情看好而需要扩大生产经营规模，或因有新的投资项目需要大量资金进行对外投资。这一时期的资金需求主要有两类：一是现有生产规模的改进和扩大，引进技术、设备，提高生产能力，培训工人，提高劳动生产率等；二是新项目的建设，如新建厂房、增加设备。无论是哪一种目的，都会引发企业对资金的需求。

2. 善于建立内外部融资体系

按资金的来源范围不同，企业融资分为内部融资和外部融资两种类型。

内部融资是指企业通过利润留存而形成的融资来源。内部融资数额的大小主要取决于企业可分配利润和利润分配政策（股利政策），一般无须花费融资费用，从而降低了融资成本。

外部融资是指企业向外部筹措资金而形成的融资来源。处于初创期的企业，内部融资的可能性是有限的；处于成长期的企业，内部融资往往难以满足需要。这就需要企业广泛地开展外部融资，如发行股票、债券，取得商业信用，向银行借款等。企业向外部融资大多需要花费一定的融资费用，从而增加了融资成本。

企业融资时应首先利用内部融资，然后再考虑外部融资。

3. 建立与金融机构的良好沟通关系

融资沟通的主要内容，是创业者向投资人就公司的业绩、产品、发展方向等作详细介绍，充分阐述公司的投资价值，让准投资者们深入了解具体情况，并回答机构投资者关心的问题。在勾画前景时，企业要说明融资之后，将付诸哪些行动。这更像是一个广告，在争取为企业的前行铺平道路。

融资过程中，产品和市场是吸引投资人的主要因素，执行计划的人是融资的关键因素。从制订商业计划，到接触投资人，演示计划，参观项目和企业，直至签订融资意向，最后融资到位，整个过程中，建立与金融机构的良好沟通关系，是融资成功的重要保障。在同等条件下，良好的沟通关系会大大增加融资成功的可能性。

第三章 如何撰写商业计划书

>> 企业融资商业计划书中，核心部分是商业模式，即告诉投资人你的企业在干什么、怎么赚钱。换句话说，就是让投资人知道企业存在的价值。其他关键部分，还有市场规模、团队背景、主要业绩、竞争对手分析、融资计划等。

第一节
投资者一见钟情的商业计划书

商业计划书是企业为了达成招商融资或其他发展目标，根据一定的格式和内容要求而编辑整理的向受众全面展示公司和项目目前状况、未来发展潜力的书面材料。它包括企业筹融资、战略规划与执行等一切经营活动的蓝图与指南，也是企业的行动纲领和执行方案，其目的在于为投资者提供一份创业项目的介绍，向他们展现创业项目的潜力和价值，并说服他们对项目进行投资。

那么，如何编写一份让投资者一见钟情的商业计划书呢？

1. 编制商业计划书的原则

如果你要融资的话，就必须撰写商业计划书。需要注意的是，投资者每天会看很多份商业计划书，如果你撰写的商业计划书不够吸引人，那么它的归宿就是垃圾桶。

编写一份让投资者一见钟情的商业计划书，应该把握以下几个原则，如图3-1所示。

图3-1　编制商业计划书的原则

（1）内容真实

商业计划书涉及的内容以及反映情况的数据，必须真实可靠，不允许有任何偏差及失误。其中所运用的资料、数据，都要经过反复核实，以确保内容的真实性。

（2）预测科学

商业计划书是在事件没有发生之前的研究，是对事务未来发展情况、可能遇到的问题和结果的估计，具有预测性及前瞻性。但这种预测不是随意的浮夸，而是在进行深入的调查研究和充分的资料分析的基础上，根据项目的实际运营情况运用科学方法做出的预测。

（3）突出亮点

把握关键点，突出项目亮点，往往能在降低投资人思考成本的同时加大成功融资的概率。一般来说，商业计划书的亮点包括：市场规模、市场增长率以及市场政策红利等；核心团队中有名企、名校、连续创业者，或者有特别与项目需求匹配的能力等；业务针对后进入者有壁垒，针对同期进入者有竞争力；已开展的业务数据呈快速上升趋势；上轮投资人是知名个人或者知名机构等。

2. 商业计划书基本架构

商业计划书的内容架构大同小异，基础框架可分为六大组成部分，如图3-2所示。

图3-2 商业计划书基本架构

①计划概要。包含业务（公司）简介，对市场定位、目标客群及商业模式的说明；营销策略，对业务开展的可行性计划。

②项目说明。聚焦产品（服务）的核心竞争力与卖点，开放性的分析与展示，为产品背书。需要配有量化的数据支撑，才具有说服力，比如，产品专利、开创细分市场、填补市场空白等。

③组织介绍。即项目团队，重点突出研发、营销这两条线的能力展示，例如，借助研发团队人员规模、个别核心骨干学历、项目经验、成功案例等背景来为组织背书。

④生产制造。对产品或服务的关键性指标做说明。如果是产品，要详细介绍产品的研发、生产工艺，以及相对应的技术质量与成本控制；如果是服务，要详细介绍服务的标准、行业差异化等。

⑤市场预测。即产品或服务的市场前景，内容包含了市场现状分析、竞争环境分析、目标市场预测三个方面，通过论点、论据来论证项目的经济性、投资回报性以及未来的发展性。这是投资人最关注的环节。

⑥财务规划。即项目计划的资金需求。需要注意的是，这里的资金需求不仅要呈现整个项目的总体资金，还要有具体的资金计划，其内容包含了围绕项目开展实施的预算计划。

以上六项组成了一份商业计划书的完整架构。但这只是一个写作基础，关键是你的计划书融资（项目审批）的目的是否能达到。

3. 融资项目介绍

编写商业计划书，最好采用PPT的形式，将内容浓缩在15～20页。例如，某企业基于以下七大核心内容进行针对性的阐述，如表3-1所示。

表3-1　某企业商业计划书阐述的内容

序号	提纲	关键词	内容	建议页数
1	摘要	基本情况	介绍项目的基本情况	1P
2	企业基本情况	痛点、解决办法、愿景和目标	阐述你要做的事情，对象是谁，解决了什么痛点，已经取得了什么样的效果，将来想成为什么样的企业	2～3P
3	商业模式	收入模式、目标客户、定价方式、销售和渠道	简单明了地向投资商展示你向谁提供产品或服务，你的产品或服务主要内容是什么，你怎么收钱，以及你的产品或服务是如何制作与提供的，等等	2～3P
4	市场及竞争格局	市场份额、竞争对手、差异化、竞争壁垒	用图表或数据对产品或服务的优势、劣势、机会、威胁进行分析，包括所拥有的市场空间，在当前市场的占有率，竞争对手情况，进入新行业的优势、壁垒	1～2P
5	实施计划	阶段性战略目标	产品如何推广，企业如何扩张，打算用多少时间做到什么样的业绩，希望占有多少市场份额，能给投资者带来多少回报	1P
6	团队介绍	经验、资源、能力、股权结构	创始团队的从业背景、市场资源、技术实力、业务担当，企业治理结构、股权分配	1P
7	财务规划	盈亏平衡点	用数据、图表展示企业的盈亏平衡点，当下的营收势头，突出业务增长率，让投资者看到你是一只"潜力股"，以此评估需要匹配的融资规模	1～2P
8	风险及控制措施	风险、控制措施	针对项目风险阐述防范措施，展现出对融资项目的把控力度和信心	1P

附：PPT润色技巧：色彩搭配，不超过4种颜色；数据量化，多用数据，实现可视化；结合图片，多用图片陪衬文字；字体适中，排版整洁精练。

创业者在用PPT向投资者介绍项目时，一定要把自己的商业模式讲清楚，从产品模式、用户模式到推广模式、收入模式，要让投资者了解到你能够提供一个什么样的产品，给什么样的用户创造什么样的价值，在创造用户价值的过程中，用什么样的方式获得商业价值。你要展现出专业性，并对你的业务知识和前景充满激情。

在介绍项目时，还应该注意要将所有信息完全披露，让投资者对整个项目有充分的了解，包括亮眼的地方与潜在的危险。

4. 投资者如何选择投资对象

在商业计划书中，企业的发展规划才是实质，投资机构会分析企业的商业计划书，并据此决定是否愿意投资。由此可见商业计划书在企业融资过程中的重要作用。

投资机构选择过程如图3-3所示。

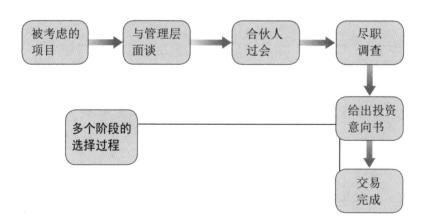

图3-3　投资机构选择投资对象的过程

如何筛选靠谱的创业公司进行投资，这对于不同背景的投资人来说看待的角度或许不同，但是思维框架都是类似的，可以通过下面四个层面来做决策。

（1）看方向

没有巨头挡路，或者没有挡巨头的路。创业公司的市场空间足够大；或者即使现在不大，未来一定大。

做加法和做乘法的区别：做加法的生意不适合风险投资，因为投资回报率不高；具有投资价值的生意要能做乘法。比如，京东销售额从2004年的1000万元到2010年的100亿元，保持每年翻三倍，2011年和2012年每年翻两倍。

风投资金退出：风投目的是高回报，所以希望有后续投资机构接盘，或者通过被并购、上市等渠道退出。

（2）看能力

团队背景：是否有足够的相关行业资源、技术积累、商业经验。是否属于高新技术，产品做得如何，用户体验怎样。

市场情况：体现在数据表现，比如用户量、活跃度、转化率、ARPU值等关键指标。看行业竞争情况，如果进不了前三，基本不会有希望。

看营收情况，一切以盈利为目的。

（3）查瑕疵

创业公司的股权结构是否合理，如果第一轮投资者持有的股份较高，后面的投资机构就很难进入。风投资金希望创始团队能持有较高的股份。

投资机构需要综合评估企业创始人的商誉，以确定对方具有较高的信任度。所以，如果创业者和投资人熟识，也是创业者的一种潜在优势。投资机构需要查清楚创业公司的概况是否真实，产品数据是否有水分，财务预测是否靠谱。

（4）谈价格

一般来说，投资机构为早期科技公司进行估值是存在很大风险的。真实的估值过程大部分是这样的：

首先，创业者让投资人相信，己方已经准备好进行融资。

其次，创业者说服投资人投资×元（在第一轮定价中，×通常介于50万～200万元之间）。

再次，投资人在投资后要求获得15%～25%的公司股权（或者更多，这取决于投资人的谈判能力）。

最后，估值最终按比例计算得到（例如：150万元的风投金额/20%的公司股权=750万元的投后估值）。

对于一个创业公司估值而言，主要考虑风险和回报两个因素。企业价值和风险成反比。也就是说，你的公司风险层级越高，估值就越低。

第二节
商业计划书的财务预测

无论是创业还是投资，都离不开一个"钱"字。一个项目需要多少钱？这些钱用在哪儿？这些钱可以生出多少钱？这个项目现在和未来值多少钱？在创业或者投资之前，必须做好财务预测。

1. 财务预测假定

财务预测是商业计划书中的重要部分，因为它涉及你的资金流向等问题。要学会财务预测，必须掌握以下三张报表，如图3-4所示。

图3-4　财务预测三张报表

（1）利润预测表

在商业计划书中，所使用的利润预测表格式与财会所使用的利润报表格式相同，都是以销售额开始的，然后是与销售额相关的直接成本费用，这些费用可以是单位成本、商品销售成本，或者是提供服务的直接成本。扣除直接成本费用，得出毛利润（率），以金额或者百分比表示。

（2）资产负债预测表

资产负债预测表显示企业预测在某一特定时间（月末或年末）的财务状况，包括资产、负债和资本的情况。

（3）现金流量预测表

在制订商业计划书过程中，现金流量预测表至关重要。如果此处出现错误，你会因为繁杂的财务复核工作，而导致商业计划书以失败告终。

现金流量预测表内的信息来自利润预测表和资产负债预测表，并将这两张表联系在一起。它显示每月的资金流入与流出情况，并且对现款结存进行预测。

2. 项目投资预测

首先来看项目投资预测的资产负债情况与盈亏分析。

（1）资产情况

对于初创企业，只需要列明资产总额以及现金资产、存货、应收账款、无形资产等重大资产情况，把企业目前有什么写出来即可。最好是采用列表或者画图等直观的表现形式。

比如，对于生产型企业，可以列出原材料、成品、半成品、生产厂房、应收账款等关键资产；对于技术型企业，可以列出专利技术等无形资产；对于初创企业，简单列下资产总额以及金额较大的科目即可，甚至可以不提。

（2）负债情况

负债情况包括负债总额、股东借款、银行贷款、应付账款、民间借贷等方面。对于初创企业，一般除了股东借款和应付账款，没有什么负债可言。但是如果有的话，一定要真实披露出来，投资人在投前一定会进行详细尽职调查的。不过如果金额较小，在PPT中也可以略过不提，在WORD中描述即可。

（3）盈亏情况

对过去盈亏情况的分析主要是为了预测未来的盈亏，这里的盈亏情况重点还是要放在主营业务上。

在商业计划书中，没有必要去虚增成本，而是要尽可能地去探寻降低成本的方法。特别值得注意的是，这里的成本数据必须真实、客观、有理有据。

与资产负债部分一样，在罗列客观数据之后，还需要分析盈亏背后的意义。

比如，成本部分，可以加入与市场其他竞争企业成本的对比，也可以提出成本未来能降低的有效办法或成本会下降的推测依据，还可以加入对影响成本的重要因素分析。

再比如，收入部分，可以加入同类型企业收入情况的对比，也可以提出收入未来能提高的有效办法或收入会上升的依据，还可以加入对影响收入的重要因素分析。

3. 项目损益预测

对成熟企业来说，既需要对过往盈亏情况进行分析，也需要对未来盈利情况进行预测；而对于初创企业，可能没有什么过往盈亏情况分析，只需对未来盈利情况的预测分析，而商业计划书中的编制主体又大多数是初创企业。

盈利预测必须建立在市场调查和客观数据的基础上，不可凭空想象、凭空捏造。盈利预测一般又分为投资期限内的逐年盈利预测和总盈利预测，需通过图表等形式直观地表现出来。盈利预测是在分别对成本、收入进行预测的基础上，进行计算的结果。在对盈利预测时，尽可能从保守、中性、乐观等多种可能性进行压力测试分析，充分考虑更多的可能性，做足各种情况出现的准备。

4. 项目现金预测

商业计划书的最终目的无非是为企业制订执行方案，或是向投资人发出要约邀请。无论哪一种，都需要说清楚资金安排。这里的资金安排，包括资金融资安排、资金使用安排、资金退出安排。

（1）资金融资安排

首先需要结合前面的核心业务和财务分析，测算出项目需要投入的资金总规模，这个预测必须真实、客观、适当。

在测算出资金需求量之后，创业者必须讲清楚这些资金从何而来，既要讲清楚已融入的资金，也要讲清楚计划融入的资金。是自有资金、股权融资还是债权融资？三种资金来源各占的比例如何？分别的投入主体、投入方式、投入时间和成本是怎样的？愿意接受的增信措施、对赌条件、股权比例如何？确定性如何？

很多项目的资金都不能通过单一渠道解决，而不同的资金对于进入的时间点有不同的要求。如何能够保证项目现金流不断，是保证项目能够顺利开展下去的关键。当然，此处很多信息涉及保密，在做对外的商业计划书时应注意隐去部分关键信息。

（2）资金使用安排

在商业模式合理、成本收入测算合理的情况下，只要资金是用在了项目上，那就不可能亏钱，最多只是变为了存货。所以，提前做好资金使用安排十分重要。

在项目初期，还没有形成任何资产或是流水，一般金融机构都无法介入，企业只能使用自有资金或是通过私募资金等高成本资金先撬动项目，这时期能融到的金额较小且成本很高。

在项目前期投入到位，形成部分资产或稳定流水或满足银行等传统金融机构放款条件后，可以引进低成本资金置换前期高成本资金，但也无须一次性到位，这时期能融到的金额较大且成本较低。

在项目过程中，可以通过压缩施工利润、延长付款周期、利润再滚动投入等方式减少需要融资的资金，所以实际需要投入使用的资金肯定是要少些的。

在项目完工且形成稳定现金流收入后，可以通过经营性物业贷款或是资产证券化等方式，获取更多大规模低成本资金。

（3）资金退出安排

对于有投资期限和退出要求的资金方或股东而言，提前做好合理的资金退出安排至关重要。退出方式包括：低成本资金置换、股权回购、资产出售、股权转让、并购重组、IPO、资产证券化等。

当然创业者作为融资方，这里比较有把握的退出方式，主要还是股权回购、资产出售等。其他的资本运作退出方式可以由投资人来提。但不论哪一种，都需要言之有据、言之有物，不要泛泛而谈，那样只会让人觉得不靠谱。

第三节
商业计划书的投资分析

商业计划书是一份全方位的项目计划，它从企业内部的人员、制度、管理以及企业的产品、营销、市场等各个方面对即将展开的商业项目进行可行性分析。其中，财务分析是对商业计划书中的所有定性描述进行量化的系统过程，直接关系到项目价值的评估和取得资金的可能性。

1. 直接法估测增量现金流量

先看间接法估测现金流量，即根据当期的利润表和资产负债表计算出现金流量表中每一项的数据。用间接法来估测现金流量，将增加很多不必要的工作量。估测项目实施后的现金流量和编制单位期末的现金流量表不同，此时可运用直接法来估测增量现金流量。

所谓的直接法，即不需要预计利润表和资产负债表，而直接根据所发生的经济活动来估测现金流量。

2. 动态回收期指标

先看静态回收期，是在不考虑资金的时间价值时收回初始投资所需要的时间。静态回收期可以在一定程度上反映出投资项目的资金回收能力，其计算方便，有助于对技术更新较快的投资项目进行评价，但它没有考虑资金的时间价值，也没有对投资回收期以后的收益进行分析，因而无法确定投资项目在整个寿命期的总收益和获利能力。尤其在当前新产品、新技术、新产业层出不穷的时期，单纯考虑投资回收期指标可能会掩盖某些夕阳产业产品的致命弱点。

因此，应使用动态回收期指标。动态回收期是指在考虑资金时间价值的条件下，以投资项目净现金流量的现值抵偿原始投资现值所需的全部时间，即从投资开始到累计折现现金流量等于零时所需的时间。

3. 内部收益率指标评价项目盈利能力

权益资本报酬率（ROE）又称为净资产收益率，是一个衡量企业业绩的重要指标，因为其揭示了企业管理层运用股东投入的资金创造收益的好坏程度，指标值越高，说明投资带来的收益越高。当企业存在多个项目时，ROE不能用来估测某个项目的盈利能力；当企业仅有一个项目时，ROE可以用来评价项目的价值。

因此，应利用内部收益率（或修正后的内部收益率）来估测项目的盈利能力。内部收益率是对投资项目进行价值分析的概念，指一个投资项目实际可望达到的收益率。从计算角度上讲，它是使项目的净现值等于零时的折现率。内部收益率从动态的角度直接反映出投资项目的实际收益水平，而并不受行业基准收益率的影响，从而比较客观。

第四节
投资人权利和收益

风险投资不是一种借贷资本，而是一种权益资本；风险投资不是到期还本付息，而是着眼于投资对象未来发展前景和资产增值，以便通过上市或者出售达到退资并取得高额回报的目的。

1. 股份出让：投多少钱，占多少股

创业企业通过股权融资时，公司估值是个非常重要的问题。

估值的作用在于确定股权融资的价格，也就是投多少钱，占多少股，投资人的投资可换得多少比例。

比如，A公司被估值3000万元，那么A公司10%的股权就值300万元。

2. 股份收益：收益分配制度

风险投资属于中长期投资，一般期限在5～7年。风险投资不能依靠分红派息获取回报，一方面是因为所投资的项目数年内往往没有现金回流，反而需要不断地追加投入新的资金；另一方面，风险基金的存续期限制了基金管理人通过分红派息获得足够的回报的机会。所以，风险资本的回报通常通过股权转让，以资本利得的方式取得。

3. 退出机制：什么情况下可以退出

从时间上来说，退出机制安排虽然是股权融资的最后一个环节，但这一环节是在交易结构确定之初，就应当予以统筹考虑与审慎设计的。否则，对投资人而言，退出机制不明会导致投资权益难以实现或者投资损失不断扩大。而对于融资企业而言，退出机制不明容易造成退出僵局，甚至产生纠纷。

退出安排中最为核心的内容是退出时点、退出价格、退出条件和退出方式。在实践中，比较常见的退出方式包括IPO退出、并购退出、股转退出、回购退出以及清算退出。

第四章　如何进行融资路演

>>　在品牌和资本竞争日益激烈的今天，能够运用商业路演之力四两拨千斤的企业却是最不可复制的。填满资本市场的不再只是屈指可数的大企业，打破常规市场，瓦解资本潜规则的路演，让整个资本市场变成无数中小企业的"沙龙屋"，以迅雷之势让企业成为商业和艺术的绝佳平衡者。

>>　那么，企业如何进行融资路演？

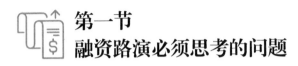

第一节
融资路演必须思考的问题

融资路演具有非常重要的战略性和长期目标。活动采用包括新闻发布会、研讨会、座谈会、论坛和促销推介会等形式，使投资者了解项目的经济实力和项目的理念，为后期区域扩张奠定基础。

1. 融资路演的根据是什么？

融资路演，就是创业者用充满说服力的演讲打动投资人，感染投资人，达到融资的目的。那么，融资路演的根据是什么呢？产品和市场本身是吸引投资人的主要因素，执行计划的人是融资的关键因素。

2. 融资路演的禁忌

"台上十分钟，台下十年功"，融资路演千万别犯以下禁忌。

禁忌1：盲目性大，对目标市场没有丝毫了解

很多创业者在路演中没有表现出任何调研过市场的痕迹，要么调研样本太少，要么根本没有。同样，对目标用户的喜好也知之不详，甚至没有目标用户定位。这样的情况，投资人如何放心把钱投给你呢？

禁忌2：空谈市场，不谈自己的项目如何切入

有些项目市场很大，甚至大到用万亿元来计算，比如新兴能源。在路演中，只听见创业者不断说着庞大的市场，自己的项目似乎与之无关，或者说表现得无关。虽然创业项目与这个市场有着千丝万缕的关系，创业者却没有将自己的项目优势和目标市场联系起来，整趟路演下来，似乎一座空中花园。投资者觉得无法通过你的项目到达那座空中花园，虽然里面姹紫嫣红，投资意向如何能不流产？

禁忌3：胃口太大，贪多嚼不烂

当下，一些创业者常挂嘴边的时髦词就是平台、生态系统、立体式全方位。谁都知道平台赚钱，它完全是一个收保护费的角色，怎么能不赚钱呢？但是作为初创公司，一开头就说平台、生态系统，是不是胃口大了点。

禁忌4：文艺青年范儿，只有情怀，没有项目

企业文化必须有，企业愿景也能够指引方向，能够成为路演营销的噱头和卖点。但只有情怀，不见项目，靠什么赚钱。投资人怎么会相信你，把钱投给你。

禁忌5：选错方向，投身红海，死路一条

投身红海市场的项目，将面临激烈的市场竞争，投资人一般是慎重又慎重的。

例如，你现在去做聊天软件，肯定要吃闭门羹，因为市场已经被瓜分殆尽。如果创业团队一开始就弄错了方向，路演就是表现出其自寻死路的方式而已。如果你的商业模式陈旧，估计连登台路演的机会都没有。

禁忌6：卖弄口才，信口开河，不知所云

路演PPT上图文并茂，创业者噼里啪啦、没有轻重缓急地说了一通。虽然在专业领域，也许这个很有价值，但是如果创业者不具备将其聚焦并表达出来的能力，只能说明创业者对项目不够熟悉，无法知晓自己的核心卖点，更妄论将其突出推广了。

3. 如何做好融资路演的筹划工作

融资路演的第一个步骤，即筹划阶段，包括以下内容。

（1）准备好融资计划

投资者想要投资你的项目，一定是因为你有好的产品和好的团队。准备融资计划，就是要理清自己在创业过程中最重要的事情并确定优先级，明确主要目标并确定实现目标所需要的时间。

（2）准备好路演PPT

创业者提前准备好项目资料，整理成PPT，在每一页PPT中体现自己团队和项目的优势点，在路演前反复练习。

在正式路演中，再重复一遍之前所做过的内容，并重点展示你的项目亮点。比如：展示企业实力、专利、产品等；通过一些案例和数据体现你的项目；展示合作伙伴，并给合作伙伴时间和空间；展示团队成员情况，包括技术骨干、核心成员等。

另外，创业者必须拟订详细的融资政策。

4. 如何制订可行的融资路演现场活动方案

一个成功的路演活动应具备以下四个步骤：第一，找到优秀的投资人；第二，让投资人能够按照你的计划来到路演现场；第三，路演现场所有的流程控制策划；第四，路演现场活动结束之后的跟进。

为了使路演工作万无一失，我们要进行周密的日程安排，把路演的每一项活动安排到位，对用时比较长的活动要进行演练；在路演团队内部进行明确分工，使专人负责每个项目，以免在活动中造成混乱的局面。

在邀请人员的问题上，我们单独设计研讨会活动入场券和门票，与路演邀请函夹带一起赠送给目标投资人，对所有收到入场券的投资人都要严格进行登记，并留下联系方式以便及时进行电话跟踪回访。

路演活动开始前三天，所有业务人员必须回公司开会总结，并落实确定最终到会人数。公司将根据所提供的人数安排餐饮和住宿。业务组人员主要负责与客户的联系确认；会务组要确定会场及布置、新产品的设计打样、媒体联络、模特秀的彩排，以及笔记本电脑、投影仪、嘉宾胸花、台花、签名笔等会务物品的准备。

路演前期的准备工作是十分辛苦的，前期工作做得越细，会议的效果就越好。在各项准备工作就绪之后，就万事俱备只欠东风，只等待路演如期举行了。

第二节
如何有逻辑地说出你的项目

投资人喜欢听故事，但大部分投资人更喜欢听逻辑。所以在做路演时，你一定要逻辑清晰地讲出来你的故事，而不是像平时聊天一样说几句话就完了，要知道投资人想听到什么。

1. 基础的总分总

所谓基础的总分总结构，是指融资路演总体上可以分为三个部分。

第一部分是对项目的总体介绍，你能清楚地向投资人传达你的目的，不论投资人是否对你的产品感兴趣，是否愿意出钱投资你的创意，这都是最基本的。

第二部分是项目的分开展示，这个部分是为对你的公司或产品感兴趣的人准备的。向投资人说明，你的项目成功的秘密武器是什么，你的竞争优势是什么。向投资人说明你产品创意的来源，你打败其他竞争者的理由等。观察不同人的反应，你就能进行简单的筛选，排除不感兴趣的投资者。

任何投资人都会关心"你要怎么赚钱"以及"你的商业模式是什么"这类问题，这也是创业者必须说清楚的。

第三部分是总结，你的融资需求是什么。投资人会关心你的融资是否安全可靠，你必须设定一个最小融资额。如果你不知道这些，那么投资者会认为你一点都不严肃，或者你的功课根本没有做足。

2. 强大的引导性

融资演说中，什么样的内容具有强大的引导性？这样的内容必须是叙述性的，并附上一些故事。

强大的引导性达到的效果是：不管是听你现场演讲的人还是看到你的融资演讲稿的人都会被其中的故事和图片吸引，并在演讲结尾时有所触动。

很多融资者的演讲稿充斥着大量的数字和事实，缺乏引人入胜的故事。用漂亮的视觉效果装点一下演讲稿是有帮助的，但是如果没有"故事"引导，你还是会错过打动投资人的机会。

所以，在你进行融资演讲时，首先要考虑讲述什么故事。你和合伙人的故事可以是其中的一部分，但不应该是全部。通常情况下，这个故事是关于你遇到什么问题以及如何解决的，或者是你如何开拓市场的。通过这个故事，展现在投资人面前的是一片广阔的投资乐土。

人类的大脑天生就喜欢故事并且容易记住故事，并被故事引导。将故事融入你的演讲中是吸引投资的最好的策略。

第三节
融资路演常见问题及解决方案

路演是创业者成功融资的重要方式，在做足了前期的准备工作之后，我们如何顺利完成融资路演吸引投资？路演需要注意的细节非常多，在面对以下常见的问题时，该如何应对？

1. 关注焦点

如何做一场让投资人无法拒绝的融资路演？首先要明白投资人关注的焦点是什么。

路演的目的，就是你做出一个充满激情和吸引力的演讲，然后把你的提纲或者详细的商业计划提交给投资人。以下是路演时投资人关注的几个焦点。

（1）讲故事

用一个动人的故事开始你的演讲，这会从一开始就勾起听众的兴趣。如果你可以把你的故事和听众们联系起来的话就更加完美了！你所讲的故事应该是有关于你的产品所要解决的问题的。

（2）你的解决方案

分享你的产品独一无二的地方，和为什么它能解决你所提到的问题。这一部分最好简约而不简单，要做到投资人听过以后，可以轻松地向另一个人介绍你到底在做什么。尽量少使用行业里的生僻词汇。

（3）你的成就

投资人投资第一看重的是团队，第二才是项目创意。在演讲的前段，你就应该让投资人对你和你的团队有刮目相看的感觉。说说你和团队到目前为止取得的成就（销售额、订单量、大牛战友、产品的火爆等）。

（4）你的目标市场

不要说世界上所有上网的人都是你的客户，哪怕有一天这成为现实。但眼下要更加现实，要把你的目标市场分为TAM（Total Available Market，潜在市场），SAM（Serviceable Addressable Market，可触达市场，属TAM的一部分）和SOM（Serviceable Obtainalbe Market，可获取市场，属SAM的一部分）。这不仅能让你的听众印象深刻，也能帮助你自己更加了解市场战略。

（5）如何获取客户

这是路演和商业计划中经常被遗忘的部分。你要怎么招募到你的客户？得到一个用户要花多少钱？怎么样的推广才算成功？

例如，对于制造业的厂家来说，符合以下三个条件当中的一个，就可以招募成为合作对象。

第一，拥有市场的人。比如你是做化妆品的，你可以找已经在代理别的化妆品的代理商来代理你的产品。

第二，拥有市场资源的人。有些群体他们不一定在做这个行业的产品，但是他们有你想要的客户资源。比如，行业商会的核心成员、培训机构等。

第三，能把市场做好的人。有的人可能前面两种条件都不具备，但是他在另外一个行业做市场做得特别好，也就是说他有足够的运营市场的能力与经验，这类人也是你的合作对象。

也就是说，谁的市场做得好，我就找谁合作；谁的客户资源多，我就找谁合作；谁能把市场做好，我就找谁合作。

（6）竞争对手

这也是路演中非常重要的一环。许多创业者在这部分都没有充分的准备和详实的数据，来说明他们和竞争对手的不同。一个最好的来展示你对于竞争对手优势的格式就是表格：把不同的方面放在顶行，把你和竞争对手放在最左列，然后一项一项来比较，一个一个来说明你的优势。

（7）你的盈利模式

投资人总是对这个部分最感兴趣。你怎么盈利呢？详细地介绍你的产品和定价，然后用事实来证明这个市场正在焦急等待着你的产品的进入。

（8）你的融资需求

清晰地说明你的融资需求，出让多少股权，未来的计划如何。

（9）投资人的退出机制

如果你融资额在100万美元以上，那么大部分投资人都想知道你的退出机制是怎么样的。你是希望被收购，还是上市，或者别的退出方式？

所有出色的路演，都是从一个故事开始，然后介绍某个行业的痛点，再给出自己的解决方案，最后讲公司愿景。

2. 掌控节奏

创业者把控融资节奏，要随时关注资本市场的情况和节奏，做到知己知彼，才更容易拿下融资。把握资本市场的节奏，可以重点关注：资本流动的方向、细分领域的市场和技术是否成熟、资本退出通道的状态。

3. 激发兴趣

创业者在做融资路演时，一定要抱着这么一个目标：激发兴趣，融到资金。

下面我们通过案例，看看车主帮是如何激发投资人的兴趣的吧。

①第一时间展现产品名字，一句话点出了产品核心价值：车主帮是广州极创信息科技有限公司专为车主用户打造的移动APP产品，帮车主提供省

钱、省时、省心的汽车美容、保养、维修、改装服务。

②不说废话，直接展示产品的功能：认证商家；地图服务；优惠服务；预约服务。

③直接展示产品的成绩和优势：超出价格的服务；吸引用户的方法；取得的成绩；投资回报。

天使投资人徐小平说："现在正处于信息爆炸的时代，应用商店里有成千上万的应用，微信公众号里也有几百万的账户。创业者数不胜数。所以，这个时候投资市场的注意力是很有限的，而一个好的Pitch（销售推介）就成了创业者成功的关键。"

一个好的Pitch拥有两个要素：一是能展示产品的名字，二是能一句话展现产品的核心价值。如果你连名字都说不清，那么如何引起投资人对你的关注？徐小平说："一句话就能说清楚你要做什么，通过精髓的提炼，你已经把整个产品的核心竞争力展现出来。这样就足够了，投资人要看的就是这个。"

激发兴趣有两个要点：

首先，设定好目标。短期目标就是取得投资人的联系方式。

其次，高效把握路演时的几分钟时间，言简意赅，不需要在这么短的时间内仔细分析行业，因为投资人干的就是分析行业，你只需要在这个时间内讲清自己产品的特点、技术优势、商业模式优势、团队优势就足够了。

投资人如果在短时间内对你的项目有1—2个兴趣点，自然会主动找你谈。路演融资就和谈恋爱一样，取得投资人的联系方式，然后在朋友圈发发相关信息、点点赞，再一步一步地发起进攻。

4. 面对怀疑

很多人会认为自己对所从事的投资项目和内容非常清楚，因此无须多做介绍。事实并非如此，因为只是你清楚还不够，你还需要让投资方也清

楚才行。同时，也许你为自己以前取得的成就而自豪，但是投资人依然会对你的投资管理能力表示怀疑，并会问道：你凭什么可以将投资项目做到设想的目标？大多数人可能对此反应过敏，但是在面对投资人时，这样的怀疑是会经常碰到的，这已构成了投资人对创业企业进行检验的一部分。

这里需要提醒两点：

在融资路演中，千万不要轻易得罪投资人，因为投资圈太小了。

当被投资人盘问时，路演者千万不要轻易失去信心，相反要与投资人积极沟通、调整。没有哪个投资人会故意难为项目方而提问，他一定是想要知道自己是不是应该投你，才会跟你互动的。对于这一点，融资方一定要坚定信心。

第五章　如何筛选投资者

>> 通过筛选，找到正确的投资人并非易事，但只要你的项目本身有足够的竞争力，企业也能把项目做好，并且在合适的时间里打磨好自己的产品和商业计划书，相信融资成功只是早晚的事。

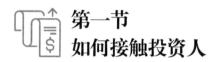

第一节
如何接触投资人

你想要进行企业融资，就避免不了接触投资人和VC机构。那么，怎样去结识投资人呢？以下几种主要途径可供你选择。

1. 专业媒体

创业都应多关注一些财经类专业杂志，在上面会有大量投资者寻找项目的信息，事实上项目方也可以刊登信息，主动寻找投资者。

通过报纸，也可以找到当地的投资者。创业者要养成阅读广告的习惯，从最不起眼的地方找到自己的融资机会。

2. 网络搜寻投资人

通过网络搜索，一般可以找到各种大型的VC机构。比如红杉、IDG、软银等。

3. 身边人推荐

创业者可以经常参加各种创业性、投资性的聚会，这也是一个认识投资人的不错渠道，因为这种聚会投资人也愿意参加。需要指出的是，参加这样的聚会必须经常、持续，不要指望参加一两次就可以找到合适的投资人。这种活动一般以本地为宜，为了管理方便，投资人通常不会投太远的、非熟人或者非熟人介绍的项目。

另外，多结交投资界的朋友，扩大你的人脉圈子。

那么，如何利用周边资源找到投资人？

①向身边志同道合又有一定资本的人或朋友讲你的想法，看他们是否有意向。

②通过信任或认可你的前任领导、企业主。

③利用自己的圈内资源看看有没有专项做投资或对你的行业感兴趣的人。

总之，多一个朋友多一条路，通过这些身边人推荐，多认识投资人。

4. 专业融资服务机构

找到一些正规的中介，包含私人融资顾问，或者融资顾问公司。私人顾问收费较低，服务积极；顾问公司收费偏高，但人脉更广。这些专业融资服务机构，可以为你引荐投资人。

5. 创业孵化平台

好的创业孵化器，可以提供一些投资人资源，还有培训、路演等活动。创业企业入驻靠谱的孵化器平台，对融资也有帮助。这里推荐找国家级的孵化器。

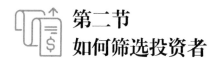

第二节
如何筛选投资者

创业者可以通过多种途径找到投资者，这不是什么难题，难的是怎么筛选，怎么找到对口的投资者。

1. 最优投资人：双方匹配度高

如何找到最优投资人？需要从以下四个方面来判断。

（1）投资人是否懂行、懂你的企业

一般来说，早期创业的企业家需要找企业家投资人，而不是专业投资人。为什么呢？因为企业家投资人是经历过企业初创、成长、成熟等阶段的人，他们对于企业发展、团队管理、项目运营等环节往往有着自己独到的见解和经验，这是专业投资人所不能媲美的。

企业家投资人本身自己做过企业，也深谙投资界的规则，所以他们会选择投资自己能看懂的行业，而创业企业也非常欢迎这种懂行的投资人。

比如，雷军作为企业家投资人，投资了小米手环等近百家生态企业，雷军从企业家的角度去做投资，同时也对接了小米成功的方法论和资源。

（2）投资人的轮次、金额要与你的企业匹配

天使轮、风投、PE等不同的投资轮次对企业的收入、利润和布局规模

要求不一样。企业在不同的发展阶段，选择的投资人、基金规模也是不一样的。

（3）投资人的投资偏好领域要和企业发展领域一致

基金不同，投资方向也不同，比如投资互联网的、游戏的、医药的、传统行业的。那么创业企业在寻找投资人时，要有针对性地去寻找。

（4）寻找和企业理念一致的投资人

不同基金的管理人，以及基金背后的投资人都不一样，比如投资人的性格、投资风格等，选对了投资人，就可以在很大程度上帮助企业带来潜在的资源。

2. 融资规模

对于融资企业来说，种子轮是20万～50万元的融资额；天使轮属于产品打磨阶段，则是100万～500万元的投资额；A轮需要发展团队、销售产品、进一步开发产品，所需要的资金额较大，为1000万～3000万元的投资额。

3. 行业认知

投资人对你所从事的行业见解越深，对创业企业未来发展的帮助就会越大，至少不会阻碍企业的发展。如果投资人对你所从事的行业不了解，并且还有经营方面的一票否决权，创业者就惨了。

4. 未来感与前瞻性

对于投资人来说，一个好的投资项目是可遇而不可求的。因此，投资人不能单纯地认为什么市场好就投什么，而应该具有未来感和前瞻性。投资人主动假设未来会出现什么新应用或者场景，如果能够成功验证到一个项目，这很可能就是一个好项目。

这样的投资人，常常能给投资企业提供最前线的产业情报，缩短你摸索的时间，并且减少错失机会的情况。

第三节
如何面见投资人

在企业融资谈判过程中，处于相对弱势地位的创业者往往担心自身项目不能引起投资者的关注，从而导致融资失败。那么，创业者在面见投资人时，如何消除心理顾虑，与投资者进行良好的沟通和交流，从而让项目融资不再那么艰难呢？

1. 见投资者就是一次面试的过程

企业向风险机构融资，先要初步接触。面对投资人时，你需要在3～5分钟内清楚地把项目的摘要讲出来，吸引投资人进一步跟踪你的故事。你需要准备好一份详细的商业计划书，还要让投资人感到你对市场、产业、目标顾客、供应商、竞争力等有清晰的认识。

投资人做了初步调查后，如有意投资，会提出指示性条款，即经双方初步商讨后草拟一份文件。只有在投资方完成尽职调查后，谈好投资条件并签订协议才算完成融资。

面见投资人的过程，就像一场面试一样。那么，投资人看重企业家身上哪些能力和特征呢？

①专业知识和能力：创业者必须成为行业专家。

②团队精神：创业者需要搭建一支相互信任、尊重、体谅的团队。

③价值观：如果过度营销或欺骗客户，最终会损害公司和你自己。

④责任心：作为创业者，你需要有完成任务的责任心，因为团队成员如此期待。

⑤解决问题的能力：创业者需要有能力创造性地解决问题，并且是在巨大时间压力下完成的，这是商业社会中经常碰到的。

2. 见面之前的准备

创业者在面见投资方之前，要做足准备工作，努力把握和投资方接触的机会。

前述工作全部准备好，比如一份漂亮的商业计划书，选择适合的投资方，并且对投资方做全面调查，包括其背景、要求、投资成功的项目、感兴趣的领域，乃至脾气、性格等，都了解清楚更好。

3. 见面地点选择

见面地点，要选择安静封闭一点的地方。最忌讳的是，创业者要求在一个完全开放的空间，旁边还坐着几十位员工。虽然员工可能很专注，习惯了投资人进进出出，但是在那种环境下，双方对话势必收敛，甚至草草收场。所以还是选一个封闭的会议室或安静的咖啡馆吧。

4. 自己去见，还是与合伙人一起

第一次去见投资人，有的创业者选择自己去，有的和合伙人一起去，两者都可。若是和合伙人一起去，一定要注意团队间的默契，避免因意见不合发生分歧，从而给投资方留下不好的印象。

5. 如何向投资人介绍项目

约定好见面时间后，一定要准时赴约，不卑不亢，把投资人当朋友，不懂的地方，多向投资人请教，以真诚、平和的态度和投资人交流、沟通。对于项目介绍要简明、清晰、扼要。

创业者要注意话术和技巧，做到吐词清楚、语速适中；演示仿真；

描述具体而不抽象；重要的观点放到前面讲，次要的观点和问题不要讲太多；用真实数据说话，而不要信口开河等。

6. 如何判断投资人会有进一步接触

如果投资人跟你见面之后没有后续，就把它当作拒绝，千万不要觉得可能还在推。如果投资人对一个项目感兴趣，一定会追，一定会马上来联系，甚至下了电梯就给你邀约。如果他当场没有很感兴趣，理论上就是拒绝。

7. 后续如何接触

如果被投资人拒绝，你不能逼迫、威胁、挖苦、冷落投资人，要当多交个朋友；如果融资意向成功，则要积极配合投资方做好后续的工作准备和跟进。

不管融资成功与否，和投资人的互动不能停止，以不引起资方反感为宜，耐心地处理好善后事宜。

8. 签署协议，不如明确节点

有的投资人见到好的项目，甚至都想当场签订投资意向书。这固然是一个非常积极正面的举动，也减少了创业者再去路演的时间和精力耗费，如果价格和条款都合适，那就更棒了。

但是投资意向书本质是一个没有法律效力的意向，关键还是看之后尽职调查的结果，因此问清楚投资方决策的时间和流程，摸清楚什么时候真的能够打款，才是关键所在。投融资双方早点说清楚，也是相互负责任。

第六章　如何进行股权架构

>> 作为创业者，在企业发展过程中难免会遇到资金短缺的问题，而解决这个问题的方法就是去融资。在融资的过程中，很重要的一步，就是要知道投资人更喜欢哪种股权架构。因为科学合理的股权结构，更容易获得投资人青睐。

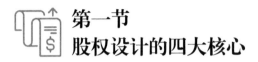

第一节
股权设计的四大核心

股权架构是任何一家创业企业的根基，只有根深蒂固，企业才能枝繁叶茂。股权架构的设计非常重要，决定着一家企业未来能够走多远。以下是设计的四大核心，原则是以简单为主，"到什么山唱什么歌"。

1. 控制安排

在创业企业内部，如果没有一个人拥有绝对的控制权，合伙人之间、创始人与投资人之间发生纷争时，可能谁也不服谁，最终的结果就是相互拆台、分道扬镳。

一旦企业的股权设计出现了问题，企业的控制权就会随之发生转移，争夺控制权闹剧也将会上演。比如，"真功夫家族之争""豆果网朱虹孕期被开""拉勾网副总裁被辞"类似的事件。

2. 收益安排

股东有获得资产收益的权利，在绝大多数情况下，我们看到的股权设计，控制权与收益权是匹配的，但是在特殊的场景下可能不匹配。在公司发展过程中，经过了多轮融资，创始人的股份被稀释，但是创始人如果坚持要取得控股权，这就会造成控制权与收益权的分离。

例如，华为公司的员工持股制度，华为员工要的是收益权，而创始人要的是控制权，如图6-1所示。

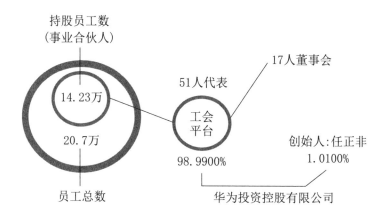

图6-1　华为股权合伙人情况

在华为的股权架构中，任正非虽然占股很少，却是公司的实际控制人，即GP；工会委员会是持股及事业合伙人的平台，即LP。这也是任正非虽然只持股1.01%，却能够控制公司的原因。

3. 税收安排

很多创业者在设计股权架构时，往往只考虑公司控制权的问题而忽视如何通过股权架构达到节税的目的，从而导致后期需支出较大的税务成本。

比如，上市之前，尽量让法人企业进行间接持股，延迟缴纳个人所得税；一旦准备IPO，应及时将股权转让给个人，上市后的股权溢价是主要考虑因素，自然人持股税务成本最低。

4. 激励安排

员工抱怨薪资待遇不好，是中小企业运营中的常见现象。不是每一个抱怨都值得引起重视，但是，假如你的主要竞争对手实施了股权激励制

度，而你的企业高级管理人员和骨干员工经常在不同场合有意无意地提到薪资待遇不如主要竞争对手时，就应该有所警醒了。股权激励可以提高企业的竞争力，至少要跟主要竞争对手持平。

比如，华为在企业文化上坚持"狼性"文化与现代管理理念相结合，其薪酬和人力资源管理上的创新是吸引众多优秀人才进入华为的重要原因，其中股权激励扮演着重要角色。

华为通过股权激励政策，把员工的身份从员工变为了股东，这种身份的转变会让员工的工作从给创始人打工变成为自己打工。

总之，股权架构是多维度的考量，没有最好，只有最合适，控制权、股东利益平衡、持股税负、公司规划等都会影响股权架构的搭建，每种股权架构都要匹配持股目的。

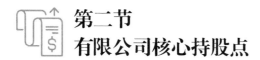

第二节
有限公司核心持股点

投资人反对创业公司搭建过于分散或平均的股权架构，因为这样无法确保公司核心人员对企业的控制权，会影响企业决策的有效性和决策效率。投资人也会担心核心人员对公司业绩发展是否足够努力，是否能够将100%的精力投入公司中去。只有让核心人员控股，才能让企业实现快速发展的目标，使得投资人的投资能够有兑现的可能。

1. 67%绝对控制线

大股东持有公司67%以上表决权的股份，就可以决定公司的七大项（修章、增资、减资、合并、分立、解散、变更）。所以，我们将67%称为绝对控制线。

很多股权纠纷，都源于大股东是谁不清晰。

例如，真功夫的两位创始人蔡达标和潘宇海从持股50%到47%，一直都处于对等局面，意见分歧时无法集中决策，很容易产生纠纷。

因此，从一开始就要明确公司的核心股东及其拥有的权利，包括在股东会拥有的表决权和对公司的控制力。这样，即使在意见不统一时，也有可"一锤定音"之人。在融资过程中，创业者要掌握企业绝对控股权（67%

以上），而不是相对控股权（51%以上）。

创业企业为了保持绝对控股权，可采用分段融资的方式，将股权逐步摊薄，这样做的好处，是既容易成功，又可以确保对企业的绝对控制权，而且只要成功融资一次且项目有发展潜力，就可以实现一次股权的溢价和升值。

2. 51%相对控制线

对于初创企业，投资者更偏向于让公司的核心人物拿到比其他人所占的股份之和还要稍多一些的股份，比如在67%以上或者至少51%。

对于公司日常事项的普通决议，例如，选举董事、聘请审计机构等，仅需要过半数表决权通过即可，过半数在日常企业注册中一般用51%表示，所以51%被称为相对控制线。

如果规划企业未来的上市或对外吸引其他股东加入，51%和52%虽只有一个百分点的差距，企业的股权控制权可是天壤之别。

比如，假设你拥有企业51%的股权，经过多轮的融资稀释了你的35%股权，稀释后你的股权比例为33.15%，即[33.15%=51%-（35%×51%）]。

假设你拥有企业52%的股权，经过多轮的融资稀释了35%，稀释后你的股权比例为33.80%。

稀释后的33.15%与33.80%虽仅有0.65%的差别，它们之间却有了一个明显的分界线（33.334%），是三分之一以上和三分之一以下的区别。

因此，52%比例的相对控制权相比51%比例的相对控制权来说，显然要更加靠谱，更符合一个"黄金防线"！

3. 34%一票否决线

持有股权1/3以上（34%一票否决线）时，股东会对如下决议事项进行表决时，拥有一票否决权。包括：企业融资引入投资人；企业进行减资；修改公司章程；公司合并、分立或解散；筹划上市时，有限责任公司变更为股份有限公司。

创始人拥有三分之一以上的股份，便意味着可以对重要事项进行否决，以保证企业的安全。所以，34%也叫安全控制线。

例如，在国美股权之争中，创始人一方持股比例达35.76%，在投票撤销陈晓董事局主席职务、取消增发股份授权等5项决议中，占据优势。而对以陈晓为代表的国美董事会（职业经理人一方）而言，必须获得至少对等股权（35.70%）的支持，才有可能否决掉创始人一方提出的5项决议。

4. 25%外资待遇线

外资持股比例达到25%以上，公司才能享受外商投资待遇。

5. 10%举手有效线

《公司法》中规定："代表十分之一以上表决权的股东，三分之一以上的董事，监事会或者不设监事会的公司的监事提议召开临时会议的，应当召开临时会议。"

公司重大事项往往通过股东会的形式表决，但前提是要召开股东会。如果持股比例低于10%，则只能被"牵着鼻子走"（非贬义）；如果持股比例达到10%，说明有一定话语权，虽然议案能否通过没法决定，但至少可以召开临时股东会会议。所以，10%叫举手有效线。

总之，只有股东的持股比例达到一定条件时，上述这些权利的大门才会向你打开。统筹布局，合理运用，才能让手中的"武器"更好地去影响企业，更好地保护自己，股权的价值才能得以体现。

第三节
公司股权架构顶层设计

任何一家民营企业的股东，都可追溯到自然人，但自然人（股东）持股模式多种多样。

1. 自然人直接持股

对于大多数小微公司，往往以自然人直接持股方式为主。股东们成立公司主要是为了有主体能承接业务，可以签合同、开发票、收货款，至于公司未来能做成什么样、做多大规模，当时没来得及想或没敢想太多，就先干起来再说。这就是典型的自然人直接持股。

自然人直接持股，操作简单、理解简便，多数有限责任公司成立初期均按照自然人出资额的多少直接持有目标公司的股权。

但是，自然人直接投资，分红税负较高。如果股东持有股权的目的不是计划出售套现，而是长期持有，每次取得分红即使用于再投资也需要缴纳个人所得税。而且，被投资公司以未分配利润、盈余公积、资本公积转增股本，自然人股东均需缴纳个人所得税。

2. 控股公司间接持股

控股公司间接股权，是指某公司通过其控制的附属公司拥有对另一家公司进行控制的股权。

被控于某一公司的附属公司在拥有另一家公司的控股权时，它便处于中间地位而成为一家居间控股公司。

例如，A公司拥有B公司股权的75%，而B公司取得C公司60%的股权，那么A公司就拥有了C公司的间接股权45%（75%×45%）。其中的B公司即为居间控股公司。

控股公司未直接持有公司股份，而是通过其直接控股或间接控股的子公司或孙公司持有或合计持有该公司50%以上股份，从而获得对该公司的财务和经营方针的控制权。

持股公司间接持有实体经营公司架构中，持股公司取得股息红利所得可以享受免税。这样持股公司就相当于一个资金中转站，股东可以利用从实体公司分回的免税资金进行再投资。

3. 有限合伙企业间接持股

有限合伙企业由普通合伙人（GP，General Partner）和有限合伙人（LP，Limited Partner）组成，普通合伙人对合伙企业承担无限连带责任，有限合伙人对合伙企业承担认缴金额内的有限责任。普通合伙人和有限合伙人，均可以为自然人，也可以为法人或其他组织。

因为普通合伙人承担无限连带责任，所以由普通合伙人执行合伙事务。普通合伙人掌握有限合伙企业的控制权，而与其持有的财产份额多少无关。也正是基于普通合伙人对有限合伙企业的天然控制权，使有限合伙企业在股权架构设计中能发挥更大的作用。

通过拆解有限合伙企业和有限合伙股权架构的模式，我们可以看到有限合伙有以下明显优点。

第一，保障创始团队的控制权。避免股权稀释导致创始人股权比例降低而丧失控制权的问题。

第二，钱权分离。有限合伙人关注财产性收益，对公司决策无强需

求，有限合伙恰好可以作为持股平台实现这一目的。

第三，持股平台的作用。尤其是在公司有上市计划时，为了让员工、亲友等享受资本市场的红利，上市前为其搭建有限合伙的持股平台，开始一场"造富运动"。

4. 混合型股权架构

股权架构需要匹配股权战略，不同的股权战略代表着股东不同的持股诉求。但在实践中，一个公司会有多个股东，不同股东的诉求会有所不同，而且同一个股东的诉求也可能是多元化的。于是，针对不同股东和不同诉求的混合型股权架构便应运而生了。

典型的混合型股权架构，如图6-2所示。

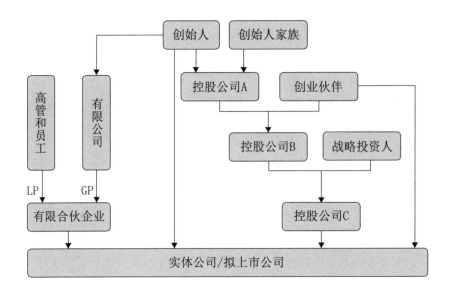

图6-2　混合型股权架构

创始人及其家族设立控股公司A，控股公司A与创业伙伴持有控股公司B，控股公司B投资设立控股公司C，可能会引入战略投资人，控股公司C持有部分实体公司/拟上市公司股权；创始人和创业伙伴直接持股部分实体公司/拟上市公司股权。高管和员工通过有限合伙企业持有实体公司/拟上市公司股权。

　　例如：公牛集团是一家专注插线板20多年的公司。2018年9月28日，证监会网站披露了公牛集团提交的IPO招股说明书申报稿，公牛集团申报IPO时的股权架构如图6-3所示。

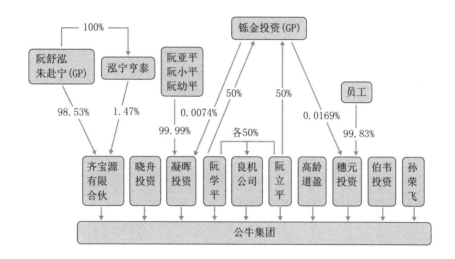

图6-3　公牛集团申报IPO时的股权架构

　　纵观公牛集团的股权架构，其主要通过"金字塔架构""有限合伙架构"达到了控制集团、分股不分权、股权激励及引进投资人等目的。

　　第一，阮氏兄弟直接持有公牛集团不到25%的股权，方便上市后的减持套现。

　　第二，阮氏兄弟100%控制良机公司，良机公司作为公牛集团大股东，可以为未来公牛集团的股权转让留下操作空间，通过良机公司再次搭建其他持股平台，引进投资人。

　　第三，阮氏兄弟100%控股铄金公司，而铄金公司亦为凝晖投资、穗元投资的普通合伙人，继而达到控制两公司的目的。控制凝晖投资，可以帮助阮氏兄弟控制家族内部持有的公牛集团股权；控制穗元投资，可以帮助

阮氏兄弟控制员工持股平台。通过合伙协议的约定，可以帮助阮氏兄弟得到控制权，让其家族成员及员工得到现金流入。

公牛集团的架构是典型的混合股权架构。

混合型股权架构是针对不同股东对股权的不同诉求，以及同一股东对股权的多元化诉求准备的股权架构工具。需要注意的是，混合型股权架构看起来很"美"，但在实践中设计的难度系数很高。因为混合型股权架构兼顾的持股平台和股东类型越多，股权重组路径选择的空间就越少，一旦股权战略发生变化，调整的难度是要远远高于单一的股权架构的。

股权架构设计中，自然人直接持股架构和公司间接持股架构都有各自的优缺点，至于企业究竟如何去选择，从税负考量角度来看，可以大致分为两种情形：如果股东经营公司就是想做大后变现，那么选择自然人直接持股税负最低；如果股东经营公司就是想做大做强，做长期优质企业，那么选择公司架构间接持股的税负最低。

第七章　股权融资流程与规范

>> 股权融资是企业在发展过程中的强有力的推力工具，也是一个企业估值与市场影响力的风向标。从股东角度而言，清楚知悉股权融资的流程与规范十分必要。

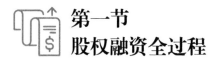

第一节
股权融资全过程

股权融资，即企业出让股权以获取资金。一次成功的股权融资，不仅能帮助企业融得资金，而且通过引入适合的股东可以优化治理结构、整合股东资源，实现长期股权价值的提升。那么，股权融资的流程是怎样的？

1. 初步接触产生合作意向

初次接触投资人后，有意向者会进一步约见企业核心团队。见面过程中，团队成员大胆、真诚展现自己就好，真正合拍的投资人自然会到来。

另外，企业也要注意识别投资人，包括理念是否一致、对行业是否足够了解、能否带来产业资源等。寻找投资人不是简单地考虑谁出钱多，而是需要结合企业当前发展的阶段，选一个懂自己的合作伙伴，最终实现"1+1＞2"的效果。

2. 签订投资意向书

经过前期接洽，投资人对标的企业的行业前景、商业模式、核心团队等有了初步了解，若双方有意深入接触，就会签订投资意向书。

在意向书中，双方会明确项目投资的关键要素：标的公司概况，项目估值，投资金额，投资方式与价款支付，尽职调查，投资者权利，股权激励，保密条款等。

3. 开展尽职调查

意向书生效后，投资人会依据约定，对企业开展尽职调查。其主要目的，是解决投融资双方的信息不对称，帮助投资者进一步确定企业的价值与风险。

开展尽职调查工作前，投资人会着手准备两件事：一是组建尽职调查团队。团队成员通常覆盖行业、投资、法律、财务等专业。二是收集尽职调查资料。通常投资机构会采取两种方式，一是企业配合提供内部资料，二是通过其他渠道搜集行业、企业信息。

准备完成后，尽职调查正式开启。尽职调查团队通常采用三种方式开展尽职调查，一是实地走访，二是资料审阅，三是人员访谈。尽职调查关注点覆盖业务、财务、法律等。

完成尽职调查后，尽职调查团队会基于尽职调查成果，总结形成尽职调查报告。

根据报告，投资人会对目标企业的投资价值、风险做进一步判断。如果所有结论都支持这笔投资，就可以进入实质性的谈判与投资协议环节。

4. 深入谈判，签订投资协议

谈判的过程，也是双方博弈的过程，博弈要点体现为《投资协议书》中的条款。每个条款的设计目的、影响因素、风险点等都需要综合考量，且条款和条款之间的衔接、匹配也需要注意。单一的协议条款可能风险较小，但是几个条款交汇在一起，就是一个埋人的坑。因此，股权投资协议并非单纯的法律问题，而是行业、业务、法律、政策监管、内部治理、履行等多重要素的结合。

尤其对于估值条款、支付条款、投资人的一票否决权、董事席位、各类优先权、反稀释条款、对赌/回购条款等核心条款内容需要重点关注，一旦条款设计不当，将可能成为引发公司僵局的导火索。

融资企业和投资人都需要根据公司章程进行决策，完成股权融资的审批流程。交易各方完成内部决策一般会作为投资协议的先决条件。同时还要特别注意国资、外资、上市公司、金融机构在审批时的特别流程。

协议签订完成后，进入协议履行阶段。

5. 依据协议，双方严格履约

对投资协议的履行，贯穿从签订协议到投资机构退出的全过程，主要包括以下四个方面。

第一，继续完成先决条件约定。比如涉及主管部门批准的，要按程序完成报批。

第二，投资机构按约定支付投资款。

在这一阶段，各方应确认并签署所有的交易文件，包含相关协议、附件、承诺函、新章程、股东会/董事会决议等，投资人按约定支付投资款或转让款，各方办理股权变更登记，投资人完成董事、财务总监等人员委派事宜，各方进行企业资料、印章的交接。

第三，办理交割手续。包括公司章程变更、工商登记变更等。

股权交割是股权交付的过程。交割完成，投资人或受让人才真正取得股权并成为公司股东。确定交割完成时点很重要，如果不明确，可能发生很多让投资人、股权受让人欲哭无泪的状况。例如，股权转让款或增资款到账后原股东会通过决议以公司资产担保了巨额债务。

第四，投后履约。比如一旦触发估值调整机制，双方应按约定进行股权转让或现金补偿。

从融资企业角度而言，需要注意以下几点。

第一，投资协议是否按期履行，如无法履行需要提前沟通豁免或者延期，以免构成违约。

第二，投后管理的情况是否与尽职调查披露的内容不一致，不一致之处需提供合理解释。

第三，投资方的投后管理模式是否符合双方的约定，尤其是战略投资人有无按期提供相关的投资配套服务，如资源整合、人才引进、优化商业模式、建立合规制度等。

第四，是否会触发估值调整机制。

第五，防止投资人滥用知情权。

6. 投资退出，结束融资交易

投资机构入股的最终目的是获利退出，而退出才意味着创业企业这笔股权融资交易的最终结束。

在投资协议中，要对退出机制做清晰安排，包括退出时点、退出条件、退出方式等。

通常来说，投资机构的退出方式有五种：一是公司IPO后退出，这是最理想的选择；二是并购退出；三是老股东回购股权退出；四是向第三方转让股权退出；五是公司依法解散清算退出。当然，最后一种是投资机构与企业都不愿发生的。

第二节
股权融资尽职调查的内容

尽职调查是股权融资能否成功的核心前提，也是双方进入实质性谈判的基础，尽职调查结果往往会决定投资人是否进行投资以及以怎样的条件进行投资。可以说，《投资协议书》签订之前，尽职调查是非常重要的一个环节，这一节我将单独拿出来重点讲述。

1. 标的公司基本情况

投资人对标的公司基本情况做尽职调查，主要调查三个部分：业务尽职调查、财务尽职调查、法律尽职调查。其中业务尽职调查是核心，财务和法律都是围绕着业务尽职调查开展。尽职调查可由投资人直接做，也可以聘请第三方机构来做。

尽职调查各要点如表7-1所示。

表7-1　尽职调查的要点

类别	项目	内容
法律尽职调查要点	公司主体	关注其成立情况、注册登记情况、股东情况、注册资本缴纳情况、年审情况、公司的变更情况、有无被吊销或注销等情况
	公司的董事会决议、股东大会决议、纪要等	审查有关的董事会与股东大会决议是否依法做出，有无达到法定的或章程中规定的同意票数，投票权是否有效等，以确保程序上无瑕疵

（续表）

类别	项目	内容
法律尽职调查要点	公司资产	关注目标公司的土地及房产设备等有形资产，调查土地房产的用途如何、能不能转让、使用权或所有权限期多久、权利是否完整受限、有无瑕疵、有无可能影响该权利的事件，如政府征用、强制搬迁等在短期内发生，取得该权利时的对价是否已付清，有关权利的证书是否已取得，有无出租或抵押，出租或抵押的条件如何等。调查机械设备的来源、性质、转让限制和有关转让手续的办理
	知识产权	关注目标公司拥有的知识产权存在的形式及风险，有无侵权诉讼
	关键合同与合同承诺	关注目标公司控制权变化对关键合同的影响，特别注意贷款合同、抵押合同、担保合同、代理合同、特许权使用合同中是否有在目标公司控制权发生变化时，需要提前履行支付义务，或终止使用权或相关权利等的规定，以防使并购人丧失某些预期利益或权利
	公司的职工安置	关注目标公司所提供的福利水平以及终止合同前所需要的通知时间以及可能的赔偿
	公司的债权债务情况	关注目标公司潜在的债务和已有的债务，包括有无欠缴税款，有关目标公司方面的税收政策是否有调整、优惠规定等，以避免并购方将因承担补税和罚款而增大的负担。对环保进行调查，了解公司对有关环保许可规定的遵守、有毒危险物质对场地和地下水的污染等，环保部门有无发出整改制裁通知等，以避免环保产生的罚款、限期整改、停产等责任
	公司的重大诉讼或仲裁	关注是否有诉讼或仲裁程序影响到目标公司，包括实际进行的、即将开始的或者有可能产生的程序
	必要的批准文件	涉及国有股权转让，专营、许可经营的并购，需要事先审查目标公司有无批文及该批文的有效性
财务尽职调查要点	财务组织	财务组织结构图及财务团队整体工作能力；年度经营计划及预算编制；财务分析体系；财务管理模式
	会计核算报告	会计报告体系；采用的会计政策；企业薪酬、税费政策；内部交易及关联交易会计政策
	财务数据	货币资金、营业收入、营业成本、负债、应收票据、应收账款、其他应收款、存货、固定资产、无形资产、应付账款、其他应付款、预售账款、实收资本、资本公积变动等是否正常
	税费	了解企业适用的税种、税率，有无税收优惠政策等；判断有关税收减免项目是否真实，手续是否完备；关联交易的税收计算缴纳是否正确
业务尽职调查要点	供应情况	关注公司业务中所需的原材料种类及其他辅料，各原材料中需求的比重；公司原材料主要供应商的情况，各供应商所提供的原材料在公司总采购中所占的比例及供货周期，公司有无与有关供应商签订长期供货合同；公司有无进口原材料，该进口原材料的比重，国家对进口该原材料有无政策上的限制；公司与原材料供应商交易的结算方式、有无信用交易；公司对主要能源的消耗情况
	业务及产品情况	关注公司的主营业务，主营业务在整个业务收入中所占的比重；主营业务所处行业背景，发展前景；主营业务增长情况，包括销量、收入、市场份额、销售价格走势；各类产品在公司销售收入及利润中各自的比重；公司产品系列、产品结构、产品需求状况

（续表）

类别	项目	内容
业务尽职调查要点	销售状况	关注公司主要客户情况，及主要客户在公司销售总额中的比重；公司产品国内主要销售地域，销售管理及销售网络分布情况；公司产品国内外销售比例，外销主要国家和地区分布结构及比例；公司在国内外市场上主要竞争对手名单及资料，公司和主要竞争对手在国内外市场上各自所占的市场比例；公司对售后服务的安排；公司的赊销期限，赊销部分占销售总额的比例多大
	研究与开发能力	关注公司研发组织结构、研发人员履历、研发能力，新产品研发周期；与公司合作的主要研发机构名单及合作开发情况；公司自主拥有的主要专利技术、自主知识产权、专利情况；公司每年投入的研究开发费用及占公司营业收入比例；公司目前正在研究开发的新技术及新产品，未来计划研究开发的新技术和新产品；对比市场上的新产品，探究公司是否具有强大的创新能力

2. 标的公司行业调查

标的公司行业调查内容如下。

（1）行业及竞争者调查

调查标的公司所处行业的现状及发展前景，所处行业发展驱动因素与本质，产品（服务）较之同行业可比公司的竞争地位等内容。

（2）采购环节业务调查

调查标的公司供应方市场的竞争状况，标的公司采购政策及主要的供应商，采购业务涉及的诉讼及关联交易等内容。

（3）生产环节业务调查

调查标的公司生产工艺、生产能力、实际产量，调查生产组织与保障措施，调查生产的质量控制、安全、环保等内容。

（4）销售环节业务调查

调查标的公司营销网络的建设及运行情况，产品商标的权属及合规性，销售回款、存货积压情况，销售业务涉及的诉讼及关联交易等内容。

（5）技术与研发调查

调查标的公司专利、非专利技术，公司研发机构、人员、资金投入，正在研发的项目及进展等内容。

（6）商业模式调查

调查行业商业模式的演变与创新，公司现有商业模式及未来创新模式；商业模式理解与评估企业价值等内容。

3. 标的公司法律调查

标的公司法律调查的内容如下。

（1）独立性调查

标的公司与实际控制人及其关联企业是否做到人员、财务、机构、业务独立以及资产完整。

（2）同业竞争调查

标的公司与实际控制人及其关联公司是否存在同业竞争，是否采取了有效措施避免同业竞争。

（3）关联方及关联交易调查

关联交易是否公允，是否损害公司及其他股东的利益；关联交易是否履行了法定批准程序。

（4）诉讼、仲裁或处罚

公司是否存在诉讼、仲裁或行政处罚事项；上述事项对财务状况、经营成果、声誉、业务活动、未来前景的影响。

4. 标的公司资产调查

调查目标是了解并核实固定资产、在建工程和无形资产。

①了解固定资产规模、类别，并核实期末价值。

②了解在建工程规模，若规模较大，进一步调查在建工程价值、完工程度，判断完工投产后对生产经营的影响。

③了解并核实无形资产入账依据及价值的合理性。

④关注与生产密切相关的土地使用权、商标权、专利技术等无形资产权利状况。

5. 标的公司财务调查

标的公司财务调查的内容如下。

（1）销售环节财务调查

调查目标：了解并核实各期主营业务的收入、成本、利润的真实性；了解并核实各期期末因销售活动产生债权债务余额。

（2）采购与生产环节财务调查

调查目标：了解企业生产能力利用率、产销比率；了解并核实各期期末存货价值；了解并核实各期期末采购活动产生债权债务的余额；了解并核实各期期末应付工资及福利费。

（3）投资环节财务调查

调查目标：了解并核实各会计期末短期投资余额、期末市价、跌价准备；了解并核实各会计期末长期投资余额、减值准备；了解并核实各会计期间投资收益的真实性。

（4）融资环节财务调查

调查目标：了解债务融资的规模、结构；了解权益融资。

（5）税务调查

调查目标：调查公司执行的税种和税率；调查公司执行的税收及财政补贴优惠政策是否合法、真实、有效；调查公司是否依法纳税。

（6）或有事项调查

调查目标：调查或有事项的具体情况；判断上述事项对公司财务状况、经营成果、声誉、业务活动、未来前景等可能产生的影响。

6. 发展规划与财务预测调查

发展规划调查程序：取得企业所提供的商业计划书，或直接要求被投资企业提供未来3－5年的发展规划，获知企业未来几年的发展目标、发展方向、发展重点、发展措施；取得企业计划投资项目的可行性研究报告，评估报告的可行性。

财务预测调查的目标：调查企业在未来几年的发展目标、发展规模、发展速度、发展的可能。

财务预测调查的程序：取得企业所提供的商业计划书，或直接要求被投资企业提供未来3－5年的财务预测表，获知企业未来几年的财务发展目标、发展规模、发展速度；以销售为起点，核实企业所提供的各项预测指标制定的依据；根据企业所处的外部环境，调查企业各项指标实现的可能性；根据企业的经营管理水平与生产经营的其他条件，判断企业各项指标实现的可能性。

7. 本轮融资及上市计划调查

与本轮融资有关事项调查目标：获知企业所提出的与本轮融资有关的事项。

与本轮融资有关事项调查程序：通过企业所提供的商业计划书，或与公司领导人交流，获知与本轮融资有关的如下信息。

①本轮的融资是股份转让，还是增资扩股，或二者兼而有之。

②企业价值的估计、本轮融资的金额、所占的投资比例。

③拟引入的投资者的数量，对投资者的具体要求；目前已接触过的、有倾向性的投资者。

④募投项目及资金的具体用途。

⑤本轮融资时间计划。

⑥融资后的管理制度安排及人事安排。

⑦信息披露的程度及具体措施。

⑧企业能够接受的对赌协议的内容。

⑨是否有管理层或核心技术人员的股权激励计划及具体内容。

未来上市计划调查目标：获知企业的上市计划及已做的工作。

未来上市计划调查程序：通过企业所提供的商业计划书，或与公司领导人交流，获知与上市有关的情况。包括上市的时间进度计划；上市地点的选择及理由；已经接触的、有倾向性的中介机构，是否与其签订意向书或协议，是否已经支付部分款项。

第八章　常见的融资工具

>> 　融资作为金融体系的功能之一，对于创业企业的发展壮大至关重要。随着我国多层次资本市场的建立，企业融资渠道和融资方式也在不断增多。除了银行贷款等直接融资方式外，还有很多融资工具可供企业选择。

第一节
股权融资方式

股权融资是指企业的股东愿意让出部分企业所有权，通过企业增资的方式引进新的股东的融资方式。股权融资所获得的资金，企业无须还本付息，但新股东将与老股东同样分享企业的盈利与增长。

股权融资方式主要有以下几种。

1. 股权质押融资

股权质押融资，是指出质人以其所拥有的股权这一无形资产作为质押标的物，为自己或他人的债务提供担保的行为。对于中小企业来说，以往债权融资是通过不动产抵押获取银行贷款。

股权质押只需要在企业股东和质押权人协商后即可将"静态"股权资产转化为"动态"资产。在股权质押期间，除转让股权和收取红利受到一定限制以外，出质人仍享有股东与出资人的地位，股东权利基本不受影响，具有时间短、方式灵活和不稀释股权的特点。

例如，新三板挂牌企业中山鑫辉精密技术股份有限公司，是中山最大的集设计与制造为一体的五金精密加工厂之一，由于企业自身经营发展需要，进行技术改造以及厂房建设以扩大规模，产生一定资金需求。

但是，企业能提供的抵押物较少，通过传统银行授信方式较难获得银行贷款。为此，企业创新融资方式，向中国银行中山分行质押股权6000万股，获得贷款1200万元，解决了企业资金问题。

2. 股权交易增值融资

企业经营者可以通过溢价出让部分股权来吸纳资本、吸引人才，推动企业进一步扩张发展。股权交易增值融资相较于债权融资和银行贷款等方式对于企业信用、还款期限等方面的限制，是最直接、快速、有效的手段，在促进企业扩张性发展，提高社会资本的流动和增值等方面具有最实际的意义。

3. 股权增资扩股融资

增资扩股融资也称股权增量融资，融资公司增加注册资本，投资机构对增加部分的资本进行认购，成为新股东，并对公司进行出资，资金就会进入公司。

增加的资本进入资本公积金，资本公积金不得用于弥补公司亏损，但可以转增股本。我国《公司法》规定：公司新增资本时，股东有权按照实缴的出资比例认缴出资。

4. 私募股权融资

私募发售，是指企业自行寻找投资人，通过出让股权获得资金支持，待发展壮大后再通过管理层回购、协议转让等方式重新获取企业股权。对大多数中小企业而言，较难达到上市发行股票的门槛，私募发售是融资的主要途径。

例如，三好网通过私募发售方式完成了三轮融资。2014年成立之初，三好网获得磐谷创投1300万元天使融资；2016年年初，又获亦庄互联基金、沃衍资本、磐谷创投、金百朋共7500万元Pre-A轮融资；5个月后，又获得清科集团领投的新一轮融资，且清科集团创始人、董事长倪正东和国际知

名PE投资人罗德军亲自出任三好网董事。

　　私募发售的优点在于：产权关系简单，门槛低，无须进行国有资产评估，没有国有资产管理部门和上级主管部门的监管，大大降低了民营企业通过私募进行股权融资的交易成本，并且提高了融资效率；对于企业而言，私募融资不仅意味着获取资金，同时，新股东的进入也意味着新合作伙伴的进入，私募机构利用其专业知识、管理经验和广泛的商业网络为企业提供一系列投后服务，协助企业正确决策发展战略、建立现代化管理制度、招募高级管理职位、强化内部系统、优化资本结构等，从而实现企业高效率低成本运营、业绩和市场双重增长，帮助企业价值全面提升。

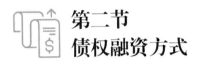

第二节
债权融资方式

债权融资是有偿使用企业外部资金的一种融资方式，包括银行融资、信用担保、民间借贷等方式。

1. 银行融资

银行是企业最主要的融资渠道。按资金性质，可分为固定资产贷款、流动资金贷款、专项贷款三类，其中专项贷款通常有特定的用途，其贷款利率一般比较优惠。按贷款方式，可分为信用贷款、担保贷款和票据贴现。

银行融资的特点包括：融资速度快；资本成本较低；融资弹性较大；限制条款多；融资数额有限。

2. 信用担保

信用担保融资主要由第三方融资机构提供，是一种民间有息贷款。它是一个专业性极强的高风险行业，承担了银行或其他债权人不愿意或不能够承受的高信用风险。

信用担保，主要有以下两种。

（1）流动资金贷款担保

流动资金贷款是为解决企业在生产经营过程中流动资金的不足而发放

的贷款。它具有贷款期限短（一般为一年）、周转性较强、融资成本较低的特点。担保公司将对申请企业进行调研，对于通过申请的企业，担保公司将为企业向银行提供担保，由银行发放贷款。

例如，某服装企业，创始人个人拥有别墅1套，原值800万元，在银行按照6折计算，可以贷款480万元，距离企业的要求有一定距离。经过担保公司审核，认为该企业整体经营良好，可以通过担保800万元的方案。最终，以同样的抵押物，企业最终得到的是800万元的流动资金贷款，满足了企业的需求。

（2）综合授信担保

综合授信担保主要用于企业流动资金贷款需要。它包括流动资金周转贷款、银行承兑汇票的承兑及贴现、商业汇票的担保、国际结算业务项目融资等单一或混合项目。融资企业可在批准的授信额度、期限和用途内根据自身实际需要将各种贷款方式进行组合、循环使用。

例如，某生产型企业由于市场拓展快，面临较大资金压力，在购买了部分生产设备后，出现了400万元的资金短缺。此外，由于其生产的产品具有季节性，每年夏、秋两季是生产高峰，需要购买大量原材料，预计到那时会有800万元的资金缺口；而在其他时间，资金需求并不紧张。

企业有厂房价值300万元，如果采取银行抵押贷款，融资额度无法弥补资金缺口。于是，担保公司根据企业实际情况，以厂房抵押和出口退税账户质押的手段，给予企业800万元综合授信担保，其中流动资金400万元，承兑汇票额度400万元。企业可以在夏、秋两季资金紧张时启动承兑汇票额度，在其他资金宽裕的时间将额度闲置起来，节约了企业的财务费用。

3. 民间借贷

民间借贷是一种历史悠久、在世界范围内广泛存在的民间金融活动，主要指自然人之间、自然人与法人或其他组织之间，以及法人或其他组织之间，以货币或其他有价证券为标的进行资金融通的行为。

一般来说，只有在金融机构无法取得贷款的情况下，创业企业才会考虑民间融资。与正规金融机构融资相比，民间金融信息搜集和加工成本低，手续便捷、方式灵活、交易成本低，贷款催收方式和风险控制机制更加灵活。可以说民间借贷是正规金融有益和必要的补充。

4. 融资租赁

融资租赁是由租赁公司按承租单位的要求出资购买设备，在较长的合同期内提供给承租单位使用的融资信用业务，它是以融通资金为主要目的的租赁。

融资租赁的主要特点是：租赁期较长，接近于资产的有效使用期，在租赁期间双方无权取消合同。由承租企业负责设备的维修、保养。租赁期满，通常采用企业留购的办法，即以很少的"名义价格"（相当于设备残值）买下设备。

融资租赁的优点如下：

第一，能迅速获得所需资产。融资租赁集"融资"与"融物"于一身，融资租赁使企业在资金短缺的情况下引进设备成为可能。

第二，财务风险小。融资租赁与购买的一次性支出相比，能够避免一次性支付的负担，而且租金支出是未来的、分期的，企业无须一次筹集大量资金偿还。还款时，租金可以通过项目本身产生的收益来支付，是一种基于未来的"借鸡生蛋、卖蛋还钱"的融资方式。

第三，限制条件较少。企业运用股票、债券、长期借款等融资方式，都受到相当多的资格条件的限制，如足够的抵押品、银行贷款的信用标准、发行债券的政府管制等。相比之下，租赁融资的限制条件很少。

第四，租赁能延长资金融通的期限。通常为设备而贷款的借款期限比

该资产的物理寿命要短得多，而租赁的融资期限却可能接近其全部使用寿命期限；并且其金额随设备价款金额而定，无融资额度的限制。

但是，融资租赁也有缺点，如资本成本高。其租金通常比举借银行借款或发行债券所负担的利息高得多，租金总额通常要高于设备价值的30%。

5. 保理融资

保理融资，是指销售商（债权人）将其与买方（债务人）订立的货物销售（服务）合同所产生的应收账款转让给银行，由银行为其提供融资。

配件商给汽车厂商提供产品，由于汽车厂商处于核心地位，配件商给汽车厂商先提供产品，汽车厂商后付款给配件商，这样配件商就会不断垫资。这时候配件商可以将对汽车厂商的应收账款转让给银行，获得融资。

保理融资与应收账款质押很相似，但有区别。应收账款质押贷款，是指企业将应收账款收款权作为还款担保的一种贷款，其第一还款来源还是卖方（融资方），不是买方。保理业务实现了应收账款的真实转让，买方是第一还款来源。所以说，应收账款质押贷款是卖方信用，而保理是买方信用。

6. 票据贴现融资

票据贴现融资的种类及各自特点如下。

（1）银行承兑汇票贴现

银行承兑汇票贴现，是指企业有资金需求时，持银行承兑汇票到银行按一定贴现率申请提前兑现，以获取资金的一种融资业务。在银行承兑汇票到期时，银行则向承兑人提示付款，当承兑人未予偿付时，银行对贴现申请人保留追索权。

特点：银行承兑汇票贴现是以承兑银行的信用为基础的融资，是客户较为容易取得的融资方式，操作上也较一般融资业务灵活、简便。银行承兑汇票贴现中贴现利率市场化程度高，资金成本较低，有助于中小企业降低财务费用。

（2）商业承兑汇票贴现

商业承兑汇票贴现，是指企业有资金需求时，持商业承兑汇票到银行按一定贴现率申请提前兑现，以获取资金的一种融资业务。在商业承兑汇票到期时，银行则向承兑人提示付款，当承兑人未予偿付时，银行对贴现申请人保留追索权。

特点：商业承兑汇票贴现是以企业信用为基础的融资，如果承兑企业的资信非常好，则相对较容易取得贴现融资。对中小企业来说以票据贴现方式融资，手续简单、融资成本较低。

（3）协议付息票据贴现

协议付息商业汇票贴现，是指卖方企业在销售商品后持买方企业交付的商业汇票（银行承兑汇票或商业承兑汇票）到银行申请办理贴现，由买卖双方按照贴现付息协议约定的比例向银行支付贴现利息后银行为卖方提供的票据融资业务。该类票据贴现除贴现时利息按照买卖双方贴现付息协议约定的比例向银行支付外与一般的票据贴现业务处理完全一样。

7.　信用证融资

企业做进出口业务，经常会拿着对方开的信用证来银行融资。

（1）出口企业信用证融资

做出口业务的企业，如果国外给你开的是即期信用证，那么你在交单之后开证行会按照信用证条款给你所在银行汇款，你很快会收回货款，一般来说并不需要融资。如果对方开的信用证是远期信用证，比如承兑后90天付款，那么中间有90天会出现资金缺口，这样银行会乐意给你融资，因为信用证是属于银行信用。

（2）进口企业信用证融资

对于进口企业，通过信用证融资，会存在一些难度。因为你要给对方付款，开证行给你融资，那就需要你提供一些抵押或者企业信用良好。

第三节
债券融资方式

债券融资是债权融资的一种形式，因此债权融资比债券融资的范围要广很多。

1. 企业债券融资

企业债券又称公司债券，是企业依照法定程序发行的、约定在一定期限内还本付息的有价证券。按是否能够转换成公司股权，债券分为可转换债券与不可转换债券。

公司发行债券要由董事会制订方案，股东大会作出决议。同时需要提出申请，最终由国务院证券管理部门批准。因此对于小规模企业而言，发行债券并不是一项能广泛使用的融资渠道。

2. 资产证券化融资

资产证券化，是以基础资产未来所产生的现金流为偿付支持，通过结构化设计进行信用增级，在此基础上发行资产支持证券的过程。

在过去，有很多资产已经成功进行了证券化，例如应收账款、汽车贷款等。现在资产出现了更多的类型，例如电影特许权使用费、电费应收款单、健康会所会员资格等。这些资产共同的特征是：必须产生可预见的现金流。

第四节
前沿创新的融资工具——股权基金

股权基金是当下前沿创新的融资工具，它是一个大类概念，国外通常称为风险投资基金和私募股权投资基金，一般是指向具有高增长潜力的未上市企业进行股权或准股权投资，并参与被投资企业的经营管理，以期所投资企业发育成熟后通过股权转让实现资本增值。

1. 公司型基金

公司型基金是按照《公司法》以公司形态组成的，该基金公司以发行股份的方式募集资金，一般投资者则为认购基金而购买该公司的股份，也就成为该公司的股东，凭其持有的股份依法享有投资收益。这种基金要设立董事会，重大事项由董事会讨论决定。

基金公司依法注册为法人，设立程序类似于一般股份公司，组织结构也与一般股份公司类似，设有董事会和持有人大会，基金资产由公司所有，投资者则是这家公司的股东，承担风险并通过股东大会行使权利。

不同的是，基金公司是委托专业的财务顾问或管理公司来经营与管理的。

2. 有限合伙型基金

有限合伙基金，由普通合伙人（GP）与有限合伙人（LP）共同组成，

是介于合伙与有限责任公司之间的一种企业形式。它具有以下优势：投资范围更广，可以投资二级市场的股票，也可以参与一级市场的投资；组织结构非常灵活；综合费用低，操作效率高。

3. 信托型基金

信托型基金，也叫投资基金，是一种"利益共享、风险共担"的集合投资方式。它通过契约或公司的形式，借助发行基金券的方式，将社会上不确定的多数投资者的不等额的资金集中起来，形成一定规模的信托资产，交由专门的投资机构按资产组合原理进行分散投资，获得的收益由投资者按出资比例分享，并承担相应风险的一种集合投资信托制度。

4. 资管计划型基金

资管计划，全称集合资产管理计划，是集合客户的资产，由专业的投资者、券商或基金子公司进行管理。资管计划是证券公司或基金子公司针对高端客户开发的理财服务创新产品，投资于产品约定的权益类或固定收益类投资产品的资产。

5. 契约型基金

契约型基金，又称为单位信托基金，指专门的投资机构（银行和企业）共同出资组建一家基金管理公司，作为委托人通过与受托人签订"信托契约"的形式发行受益凭证——"基金单位持有证"来募集社会上的闲散资金。

第九章　企业估值与核心条款解读

>> 股权融资过程中，企业估值最为核心，也最为胶着。企业价值与所在行业、发展阶段、商业模式、财务指标等都有千丝万缕的关系，且价值存在于众多假定之上，这些假定又存在另一些假定之上。总而言之，企业估值可以看作双方约定的一个标准或标杆。

>> 企业估值的逻辑与博弈，让标的公司头昏脑胀、不知所以。为更好地实现企业股权价值，理解投资人的估值逻辑成为中小企业的必修课。

第一节
企业估值常见方法

企业估值是投融资、交易的前提。一家投资机构将一笔资金注入企业，应该占有的权益首先取决于企业的价值。而一个企业值多少钱？企业估值的方法有哪些？

1. 市场法之一：可比公司法

对非上市公司进行估值，首先选择一家可以参照的同行业上市公司，计算出财务比率，然后用这些比率作为市场价格乘数来推断目标公司的价值。比如P/E法（市盈率，价格/利润）、P/S法（价格/销售额）。

国内风险投资市场，常常使用P/E法来对非上市公司进行估值。通常我们所说的上市公司市盈率有两种：历史市盈率（Trailing P/E），即当前市值/公司上一个财务年度的利润（或前12个月的利润）；预测市盈率（Forward P/E），即当前市值/公司当前财务年度的利润（或未来12个月的利润）。

投资人之所以投资，是看这家公司未来的盈利能力的。

用P/E法估值：公司价值=预测市盈率×公司未来12个月利润。

预测公司未来12个月的利润，可以通过这家公司的财务进行估算，那么估值的最大问题就在于如何确定预测市盈率。一般说来，预测市盈率是历史市盈率的一个折扣。比如，某上市公司平均历史市盈率是40，那么预测市盈率大概是30，对于同行业、同等规模的非上市公司，参考的预测市盈率需要再打个折扣，为15～20。对于同行业且规模较小的初创企业，参考的预测市盈率需要再打个折扣，就成了7～10。这就是目前国内主流的外资VC投资对企业估值的大致P/E倍数。

例如，某中小企业融资后预测下一年度的利润是100万美元，公司的估值为700万～1000万美元，如果投资人投资200万美元，公司出让的股份是20%～35%。

对于有收入但是没有利润的公司，P/E就没有意义，比如很多初创公司很多年也不能实现正的预测利润，那么可以用P/S法来进行估值，大致方法跟P/E法一样。

2. 市场法之二：可比交易法

挑选与初创公司同行业、在估值前一段合适时期被投资、并购的公司，以中小企业融资或并购交易的定价依据作为参考，从中获取有用的财务或非财务数据，求出相应的中小企业融资价格乘数，据此评估目标公司。

这个方法的参照物是被投资的同行业的公司。

例如，A公司获得投资资金青睐，而B公司在业务领域跟A相同，经营规模上（比如收入）是A的两倍，那么投资人对A公司的估值应该是B公司估值的一半左右。

3. 资产法

用资产法进行企业估值，是假设一个谨慎的投资者不会支付超过与目标公司同样效用的资产的收购成本。这个方法给出了最现实的数据，通常是以公司发展所支出的资金为基础。

其不足之处在于假定价值等同于使用的资金，投资者没有考虑与公司运营相关的所有无形价值。另外，资产法没有考虑到未来预测经济收益的价值。所以，资产法对公司估值，结果是最低的。

4. 收益法：现金流折现

收益法是一种较为成熟的估值方法，通过预测公司未来自由现金流、资本成本，对公司未来自由现金流进行贴现，公司价值即为未来现金流的现值。这种方法比较适用于较为成熟、偏后期的私有公司。

5. 生命周期影响企业估值及案例解析

创业公司处于不同的生命周期对于其估值有巨大的影响。我们知道，企业的生命周期分为启动期、成长期、成熟期等。随着创业公司所处的生命周期不同，股权估值的评估难度和结果也不同。

（1）启动期

对于处于启动期企业的估值，其参与的要素包括以下几个，如表9-1所示。

表9-1　启动期企业的估值

估值参与者	企业所有者与天使投资者
收入/利润	潜在市场是什么，用户会否买产品，怎么收费，盈利点在哪里
生存问题	企业能否活下去
估值要素	潜在市场，资本投资，利润率，人的价值
数据问题	无经营历史，无财务数据

处于启动期的企业，没有经营历史，没有收入，或者只有很少的收入，依赖资本成长，且夭折概率高，更没有可比的企业。估值中现有的资产现金流、新增资产现金流、贴现率、终值等任何一个变量的评估都极具难度。启动期企业的投资估值，多数都是因为投资者看好其业务模式及创业团队。

比如，某创业公司，其早期的业务模式是微信平台，且业务范围只在高校校园内，没有经营历史，更没有营业收入，只是依赖自身模式的价值生存发展。

其早期投资者唯猎资本是其第一轮、第二轮的投资者，投资时，唯猎资本完全无法对这家公司作出估值，因看好其业务模式及团队精神，两轮投资了200万元。

（2）成长期

对处于成长期的企业进行股权估值，需考虑以下几个要素，如表9-2所示。

表9-2　成长期企业的估值

估值参与者	风投基金、IPO
收入/利润	企业能否成长，收入能否增加，竞争对手在干什么，对企业有什么影响
生存问题	企业能否被并购
估值要素	收入增幅，目标利润率
数据问题	低收入，负利润，变化的利润率

处于成长期的创业公司，其产品和服务基本成型，已经找到适合自身发展的细分市场，收入开始快速增长，企业开始扭亏为盈，有少量处于同一阶段同行业公司进行竞争。处于这个阶段的企业，不仅要面对来自竞争对手的压力，还要面临巨头杀入市场，导致企业失败的巨大风险。

例如，某创业企业市场份额不断增长，用户订单数量得到飞速发展，准备将市场拓展至全国。此时，这家公司获得著名投资者金沙江创投合伙人朱啸虎的投资。

朱啸虎为什么要投资？因为看好其商业模式，也看到了该模式的盈利空间。这家创业公司此时的日接单量已经达到了1万多，范围覆盖了5个校园，正准备从校园拓展至全国。

（3）成熟期

投资基金对处于成熟期的创业公司进行估值，通常会考虑以下几个因素，如表9-3所示。

表9-3　成熟期企业的估值

估值参与者	增长型基金，价值型基金，PE基金
收入/利润	随着企业渐渐成熟，投融资政策会否变化，企业有问题能否重组
生存问题	企业能否上市
估值要素	资本回报率，再投资率，增长动力，利润，成本，资本的变化
数据问题	如果管理改变，数据随之改变

处于成熟期的创业公司，已经具备足够的历史数据和可比企业，增长率相对已经稳定，现金流的风险相对较小，其估值也变得相对简单，并很容易获得高估值。但是，处于成熟期的企业，通常会因为并购、重组而改变生产效率，使资本结构和增长率发生巨变，从而影响到企业估值的结果。

例如，某公司创下了其所在行业单笔融资最高纪录4.5亿美元，同时成为同行业估值最高的独角兽企业，估值高达138亿元。这家公司之所以能获得这么高的估值，就是因为其市场份额增长率得到了极大提高，并趋于稳定。

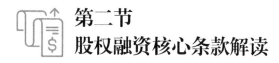

第二节
股权融资核心条款解读

企业做股权融资的过程中，投资协议是最为核心的交易文件。作为约束企业与投资方行为的重要依据，投资协议往往涉及双方错综复杂的博弈。这些博弈的集中体现，是协议中的各项投资条款。深入理解协议中各项条款的内涵与相互联系，是创始团队签订投资协议前的必修课。

1. 尊重先决条件条款

先决条件条款是投资协议实际履行的前提条件，即合同各方当事人履行各自权利义务前必须具备的条件。先决条件应在规定的一定期限内全部满足，避免出现合同履行障碍的法律风险。

在签署投资协议时，标的公司及原股东可能还存在一些未落实的事项，或者可能发生变化的因素。为保护投资方利益，需要约定交割的生效条件，这可能涉及当事人的内部授权、政府监管、目标公司尽职调查、卖方陈述和保证等。

一般而言，投资协议的先决条件包括但不限于：

①投资协议以及与本次投资有关的法律文件均已签署并生效。

②标的公司已经获得所有必要的内部（如股东会、董事会）、第三方和政府（如需）批准或授权；全体股东知悉其在投资协议中的权利义务并无异议，同意放弃相关优先权利。

③投资方已经完成关于标的公司业务、财务及法律的尽职调查，且本次交易符合法律政策、交易惯例或投资方的其他合理要求；尽职调查发现的问题得到有效解决或妥善处理。

④通过审批机构的审批和批准等。

⑤核心管理人员已与公司签署合乎现行劳动法规的劳动合同（自本协议生效之日起算剩余期限不少于×年）、保密协议及禁业限制协议（×年限制期）。

关于先决条件条款有效性的合理化建议如下：

第一，股权投资协议的先决条件条款，大致可分为三类，程序类、人员类、审批类（有效的公司董事会决议和行政审批）。在拟订先决条件条款时，应注意善用时间节点的方式，以免在程序上拖沓。

第二，在实务中，先决条件条款既有可能表现为附生效条件，也有可能为解除条件。公司可根据实际情况选用。

2. 遵守同业竞争条款

同业竞争是指控股股东、实际控制人及其所控制的其他企业从事与公司相同或相似的业务，以致双方构成（或可能构成）直接或间接的竞争关系。对于"同业"，简单理解即为"相同或相似的业务"。其中"相同"的业务主观上较好认定，如果两项业务从经营范围、生产、供应商、销售端、功能、技术等绝大多数方面均相同，一般可直接认定为相同业务。

例如，同为珠宝行业的周大福与周生生，或是同为文具生产商的晨光与真彩，显而易见两者所从事的业务属于相同业务。实操中较难界定的是"相似"业务，原因在于"相似"业务无法通过文字表述给予明确的定义，且判断两项业务是否相似，存在较大的主观判断。

同业竞争问题的解决，一般有以下几种方式：

第一，竞争方股东或并行公司将竞争业务转让给无关联的第三方；

第二，通过收购、委托经营等方式，将竞争的业务集中到拟上市公司，但不得运用首次发行的募集资金来收购；

第三，拟上市公司放弃存在同业竞争的业务；

第四，拟上市公司与竞争方股东协议解决同业竞争问题，竞争方股东作出今后不再进行同业竞争的书面承诺；

第五，拟上市公司应在有关股东协议、公司章程等文件中规定避免同业竞争的措施，并在申请发行上市前取得控股股东同业竞争方面的有效承诺，承诺将不以任何方式直接或间接地从事或参与和拟上市公司竞争的任何业务活动。

3. 谨慎对待投前排他条款

投资人与创业者签订的投资意向协议，是投资人对项目感兴趣的初步明确信号，其中大部分条款不具有法律效力，通常只有保密和排他条款具有效力。

被投资人将不允许和其他投资人进行接触，而投资人将聘请第三方机构对被投资人进行尽职调查。排他性条款就是对开展外部尽职调查的一种成本性保护。与此同时，也有投资人借排他期限故意压低投资价格，利用被投资者发展的时间成本，在签订投资条款时进行进一步的利己性条款签署。最狠的投资人则是利用排他期限拖死被投资企业，然后取而代之。

而这个所谓的"独占投资"实际上在签订投资意向协议阶段和实际投资阶段有着不同的含义。在签订投资意向协议阶段以排他性条款的形式存在，而在实际投资阶段这种"独占投资"的条款往往是没有法律约束力的。股东通过置换股权或增资的方式就能够轻易出售股份，而内部其他股东虽然拥有优先购买权，但作为投资人往往不是真正的实际经营股东，投资人在意的并不是公司的长期持续常态经营，投资人更在乎的是退出机制。因此对于被投资人了解签订投资意向协议阶段的排他性条款就显得尤为重要。

签署排他性条款有什么建议？

第一，尽量缩短排他期限，一般排他期限从15天到90天不等，被投资者在与投资者签订相关排他性条款时，应尽量缩短期限。

第二，规定对应的违约金，这样投资者和被投资者是双赢。在境内投资框架下（适用中国法律），投资者如果没有约定违约金往往需要承担违约损害赔偿的举证责任，而损失的具体金额很难确定。大多数的过往案例是按照预期收益来计算违约金，法院不见得支持。对于被投资者而言，能够锁定一个较为确定的违约成本，在衡量新投资者和以往投资者时可以得出一个较为确定的新融资成本，因此不宜约定过高。

第三，针对排他性条款进行进一步的详细的约定。排他性条款的约定往往伴随着保密条款的签署，对于签订投资意向协议阶段则没有强制缔约义务，双方可以就下列条款进行详细约定。

①可以细化排他性条款中违反排他性条款所造成的无法缔约的预期损失与违反排他性条款间的因果关系。一般来说违反排他性条款指向的都是尽职调查的成本和预期投资损失，但在签订投资意向协议阶段的一般投资预期损失不一定是由违反排他性条款引起的。

②注意违反排他性条款和普通商业风险之间的界定，可以设立共管账户进行履行保证金的缴纳。

③就签订投资意向协议的实施进展（包括尽职调查等相关活动）可以约定投资人向被投资人积极反馈，约定如未及时反馈且经催告仍未及时反馈，被投资人有权认为投资意向协议提前终止。

最后进入实际投资阶段，在被投资者占多数股权时"独占投资"往往是没有办法成立的。但被投资者仍需要注意反稀释条款的约定，应当选择采用加权平均的反稀释条款。因为不涉及排他性条款的问题在此不做赘述。

被投资者如果在VC阶段遇到了多个投资者，就要根据自身情况优先选择最优质的投资者，在排他性条款上进行细化设计，尽量缩短排他期限。如果需要引进多个投资者，就要合理安排排他期限，在新融资成本上进行考虑。一旦进入实际投资阶段，再进行新一轮融资，此时就不存在排他性条款的约束了。

4. 审视反稀释条款

反稀释条款也是投资条款中的常备条款，往往是投资机构为了避免被不当稀释股权比例所要求的优先增资或股权补足条款。

通常情况下投资机构提出的反稀释措施主要有两方面。

第一种形式，同比增资以保持股权比例。投资机构通常会要求未来任何一次增资时投资机构享有优先认购权，以同样价格和持股比例认购增资注册资本，以确保其绝对占股比例不被稀释；但同时投资机构也有权放弃这种认购权，是否同价同比增资，投资机构有选择权。

第二种形式，反权益稀释。即投资机构要求被投资者不得以低于本次增资价格进行再次融资，否则可以要求股权补偿或现金补偿，又叫最低价条款，即投资机构应确保其投资为此后投资的最低价。

两种情况对于投资机构保护其自身利益都有一定的合理性，但对于创业企业而言也要根据实际情况，不能一概接受。两类形式的反稀释都会对公司的对外融资进行一定限制，从而影响公司融资进程或进度。因此在考虑投资方提出的方案时应该进行有效谈判。

第一，如有可能尽量避免签署反稀释条款。

第二，尽量避免任何形式的最低价保证。公司融资是一个长期过程，可能经历不同的市场环境和估值模式，任何公司都难以保证对外融资过程一帆风顺，估值是永远向上的，公司和行业在资本严冬中遭遇估值大跌是大概率事件，而此时又往往是公司亟须通过市场融资续命的时刻，此前对投资机构所做的最低价承诺可能就成了无法逾越的障碍，导致公司无法继续，创业失败。

5. 磋商交易结构条款

交易结构是买卖双方以合同条款的形式所确定的、协调与实现交易双方最终利益关系的一系列安排。一般来说其主要内容包括：收购比例、收

购主体、收购对象、支付手段、交易模式、资金来源、交易步骤、转让款支付条件。

同时，交易结构中各主要内容的选择和确定，也会带来一系列对各相关方的影响，包括：标的价值、标的控制权、风险头寸、负债风险、标的存续、税收处理。

上述交易架构设计的内容和产生的影响通常是交叉作用的，例如收购比例、收购主体均会影响标的控制权，收购比例和交易模式选择均需要考虑未来负债风险和税收处理。

交易结构条款是投资条款的核心，是投资方和融资方讨价还价的中心阵地，主要包括投资方式、投资价格和交割安排。

（1）交易结构设计

从交易结构主要内容出发，设计过程中主要需要考虑的因素如下。

第一，收购比例的选择。从纯粹数学角度看，收购行为收购比例的范围为0%～100%；但从影响标的控制权的角度来说，在企业控制层面，根据《上市公司收购管理办法》规定，有下列情形之一的，为拥有上市公司控制权。

①投资者为上市公司持股50%以上的控股股东；

②投资者可以实际支配上市公司股份表决权超过30%；

③投资者通过实际支配上市公司股份表决权能够决定公司董事会半数以上成员选任；

④投资者依其可实际支配的上市公司股份表决权足以对公司股东大会的决议产生重大影响；

⑤中国证监会认定的其他情形。

在财务并表层面，《企业会计准则》对"投资方对被投资方拥有权力"进行了界定：投资方持有被投资方半数以上的表决权的；投资方持有被投资方半数或以下的表决权，但通过与其他表决权持有人之间的协议能够控制半数以上表决权的。

由于实现财务并表，提升买方资产业绩通常是并购行为的重要出发点之一，因此，我们可以简单地将并购股权比例划分为50%以上和以下。那么在选择的时候，就需要考虑放大企业价值的情况。

例如，尚普集团在为惠州市某水务企业进行并购战略规划服务时，针对地方中小规模水厂存在股权分散、国企背景股东转让意愿较低、买方自身资金能力不足等情况时，改变了水务企业原有的100%股权收购方式，针对部分水厂制订了控股并表为目的的股权收购方式，实现了资金杠杆效益。

第二，收购主体和收购对象的选择。并购买卖双方的选择从影响上来说通常是对风险的规避以及税收处理的情况。例如从买方角度看，从直接收购标的公司股权转为收购标的公司上级母公司股权，间接持股控制，可以起到降低直接收购难度、不过早暴露收购意图等作用，对优质标的从市场竞争层面降低竞争风险。如果出现竞争买家中途杀出、卖家中途停止出售等极端情况，也可以通过交易设计来降低此类风险，减少相关损失。

第三，支付手段的选择。支付手段通常区分为现金收购、股权收购或混合收购，通常会对标的价值和税收处理产生影响。交易设计者通常将支付形式设计成现金、债务和股票的组合。在影响标的价值层面，例如在换股交易中，股价可能在约定交易后大幅下跌，此时极有可能出现交易无法完成的情况。那么为了降低这样的风险，就需要在交易设计中采用领式期权。在影响税收处理层面，不同国家的税法对于不同的交易方式的纳税要求是不一样的，因此，交易前要理解不同支付组合的含义。

并购分为三类：股权收购、资产收购以及企业合并。通常以股权并购交易作为出发点，相比资产收购、企业合并等已经规避了较多税务问题，买卖双方通常情况下均不需要考虑增值税、土地增值税、契税等问题。但也需要考虑买方对价物为资产时，就会涉及增值税问题。

第四，交易模式的选择。并购交易模式一般分为股权转让、认购增资和增资换股，交易模式的选择能够影响控制权。如AB股的安排、普通股持

股比例会影响股东在股东大会上的投票权，进而影响控制权。交易设计的条款能指明新公司董事会的构成、指定经理人、限制投票权等，进而影响了公司股东间的控制权安排。在恶意并购中，标的公司的经理人或管理层可以通过"毒丸"计划、修改公司章程、诉讼等方式阻止买方获得公司控制权。此外，债权人还可以通过债务协议对管理行为施加压力。

第五，资金来源、交易步骤和转让款支付条件。大部分情况下主要考虑买方因素，例如资金来源可区分为自筹或杠杆收购，以IDC龙头企业万国数据为例，近年来在一线城市大手笔并购优质IDC资产，大部分均采用杠杆收购，在短期内使其控制机柜规模高速扩张，奠定了其国内第三方IDC运营商龙头地位。交易步骤可分为一次性和分步实施，在绝大多数情况下，基于风险控制因素考量，都会使用分步实施。

上述各个主要考虑内容，彼此之间排列组合，即产生特定收购下的一个完整的股权收购交易结构设计，最终都是为了实现客户的商业目的，实际操作中，需灵活运用。

（2）投资方式

在股权投资中主要是两种方式：增资和股权转让。增资就是投资人把钱投入公司，成为公司新股东；而股权转让则是老股东将自己持有的股权转让给新股东。两者有何区别，应该如何选择？

增资方式下，发生交易的是公司、全体股东以及新股东。新股东以认购新增注册资本的方式进入公司，发生的结果是公司注册资本增加，全体股东的股权同比例稀释，所有交易价款注入公司，公司的注册资本和净资产都会增加。如果有溢价因素存在，所有股东的股权所对应的净资产和估值会提升，也就是蛋糕做大的结果，比例可能小了，但分到的蛋糕更大了。这也是通常情况下投资机构所选择的投资方式，这种方式使得资金留在公司以推动公司继续发展。

股权转让方式下，公司部分股东将自己持有的股权转让给投资者或投资机构，投资者或投资机构通过受让方式成为公司股东。公司不是交易主体，拿不到任何资金，对于公司而言只是老板发生了变化。因此股权转让这种形式并不是主流，但也有广泛的需求：一是公司部分股东有变现的需求，需要在对外转让时实现；二是创业团队在长期的奋斗中，也有在上市前通过资本市场实现少量变现和退出的需要。

二者之间的差异除了公司的角色外，对于交易各方还有一些具体问题值得注意：第一，增资方式下不产生交易双方的所得税税收，在股权转让模式下，可能产生转让方股东个人所得税或企业所得税。第二，股权转让模式下涉及股东优先受让权问题，也就是在既有股东不同意转让情况下，投资者希望通过受让老股进入公司可能会遇到更大的障碍。

（3）投资价格

在股权投资中，投资价格是投资方与被投企业的关注重点，是投资额与公司整体估值的比例，也就是投资方取得相应股权所要支付的对价。投资对价的支付有多种方式，包括现金和其他资产，但都要转换为货币计价，一般是用人民币计价的。在现金增资情形下，投资方通过增资投入目标公司的全部价款就是本次投资价格。衡量投资价格高低还有一个很重要的因素就是，同样金额增资款所取得的股权比例不同，实际价格也是有差异的，这就是本次投资的公司估值。

例如，本轮增资1000万元，公司投资后估值1亿元，则投资后取得股权比例是10%；如果投资后估值是2亿元，则相同增资价款取得股权比例是5%。因此投资价格与我们日常所讲的商品价格是有差异的，相同的投资款或者投资价格同样是有差异的。所以在股权投资交易中，投资价格是一个包含公司估值和投入资金比例的综合考量因素。

这里有一个很重要的因素就是公司估值，估值决定价格，或者在某种意义上估值就是公司价格，不被投资人接受的估值只能算是报价。公司估值方式是一个比较复杂的概念，一般是以公司盈利能力为核心进行评估，但在公司不同阶段会发生不同的情况。在初创阶段公司没有盈利很难通过盈利能力进行估值；一些投资周期较长、财务上长期亏损但公司价值却不

断提升的公司，也无法用盈利数据进行估值，例如在京东发展过程中很长时间内由于不断投入重资产，其估值并不是通过盈利情况来衡量的。

在具体投资谈判中还要区分投前估值和投后估值，不同估值标准下同样资金投入后所获取的股权比例是有差异的。

假设在投前估值800万元情况下，增资200万元，如果不考虑溢价因素，则投资方投资后占比为20%。如果是投后估值模式下，已经考虑增资金额对于公司价值的影响，则所占比例是25%。

值得注意的是投资价格既是公司价值的反映也是整个资本市场资产价值的反映，所以实际投资中，整体市场环境、所处行业情况、公司本身的资金渴求程度，以及投资机构除资金外可否带来其他隐含价值，都是具体谈判时要综合考虑的因素。

（4）交割安排

交易条款还包括交易的具体实施，这在投资机构的投资和企业取得融资过程中是落地条款，如果不做好落地事项的安排可能影响投资完成后投资机构与被投企业的良好合作关系。

股权投资如果作为一项交易来看是投资方通过支付价款取得被投资方股权的过程，那么价款如何支付、股权如何转移确认就是双方各自最为关心的问题。这个阶段双方既是合作又有利益诉求的差异，交易的具体安排和实施就是调和差异、平衡矛盾、促进交易顺利推进和成功交割的保障。

在现金增资模式下，现金的投入往往分阶段进行以确保投资的稳健和安全。如果公司项目较好，意向投资者较多，可以设置一定的意向金。这个意向金是为了确保进入实质谈判和尽职调查阶段的投资者均为有诚意的机构，排除那些只是随便看看项目或者为了搜集项目资料的投资方。

投资尽职调查是投资方降低自身投资风险的必要措施和必经步骤，但对于企业方会带来不确定性，在平衡二者关系上可以就投资尽职调查进行必要的时间限制避免过度拖延。

在交易安排实施上投资款的支付和股权交割顺序通常是先付款后移交股权，但在目标公司存在特殊情况时投资机构可能要求股权转移得以确认后付款，两者如果陷于僵局可能不利于交易达成，此时运用共管账户等过渡措施是可以考虑的选择。

如果是非现金增资，则关于增资方的拟投入资产的尽职调查和交割就会更加复杂。对于被投资方而言，就拟投入资产的权属、自然状况等基本情况进行必要的反向调查，以确保其在达成投资协议后可以顺利交割，在投资谈判和协议中也要就拟投入资产尽职调查、资产交割作出妥善安排。

6. 细化投资管理手段

作为投资者往往在公司持股比例较小，所以其管理权体现上也往往更多从反面设计，表现为其对公司决定或决议的否定权利方面，以消极方式体现或行使权利。具体手段如下。

（1）董事提名与选举权

董事的提名和选举是根据股东持股比例决定的，通常投资者持股比例较小，不能选出自己的董事，但通过累计投票制等制度来实现特定情况下可以决定一名董事的权利，通常在股份公司可以适用累积投票制。

（2）重大事项的一票否决权

由于持股比例较小，投资人为维护自身话语权和公司事务管理权，也会设置一些具体事务的一票否决权以阻止某些对投资者不利的经营决策或具体经营管理措施。

值得注意的是，这种一票否决权也是一柄双刃剑。对于投资者而言，如果频繁地使用一票否决权可能导致经营管理活动难以正常展开，形成投资者、股东和经营管理层以及背后的创业团队之间的矛盾，甚至形成公司僵局，因此一票否决权无论是在制度设置时还是具体行使中都要极其谨慎。被投资主体和投资机构在谈判中也要相互理解，从实际出发避免设置不必要的一票否决权影响公司发展。

（3）利润分配顺序约定

投资者还可以设定利润分配顺序，例如取得优先分配权、定额分配权或二者相结合的方式。也就是在投资者没有分配到约定利润前，其他股东不能分配利润，这就意味着管理的决策必须以实现利润最大化为核心。

值得注意的是，如果约定一个固定利润分配回报可能触发投资或借款的分歧，被认为是不承担风险和责任的投资方式，即名为投资实为借贷。这对于投资者投资风险的体现和承担、投资者股东资格的认定都可能产生重大影响，在设计利润分配条款时要更加谨慎。当然，在符合章程规定的情况下，投资机构也完全可以要求不同于股权比例的利润分配权力。

（4）避免关联交易、同业竞争与利益输送条款

对于投资机构而言，公司原股东、实际控制人、核心管理成员、核心技术人员等既是投资的目的，也是公司价值所在，如果他们在公司业务之外投资其他与公司经营相同或类似的业务，难免会发生利益冲突而导致公司利益受损。

被投资公司管理层或股东如果同时经营上下游企业，与公司发生业务往来，那么在关联交易中难免发生损害公司利益的情况，这也是可能损害投资者利益的因素。因此在投资条款中投资人会对公司不存在相应情况作出明确的要求，公司和相关人员也需要就此作出明确承诺。

7. 思量对赌条款

从对赌协议签订涉及的核心条款来看，国外对赌协议通常涉及财务绩效、非财务绩效、赎回补偿、企业行为、股票发行和创始团队去向六个方面的条款，即除了以"股权"为筹码外，创始团队和投资方之间还以董事会席位、二轮注资和期权认购权等多种方式来显示对赌。而外资投资者与国内企业的对赌协议主要采用财务绩效条款。

例如，业绩对赌机制通过在摩根士丹利与蒙牛的私募交易中使用而名声大噪。根据披露的交易，蒙牛最终赢得了对赌，而太子奶输掉了对赌，

永乐电器因为对赌的业绩无法完成被迫转投国美的怀抱。

对赌赌的是企业的业绩，赌注是企业的一小部分股份/股权。对赌无论输赢，投资人都有利可图：投资人如果赢了，投资人的股权比例进一步扩大，有时候甚至达成控股；投资人如果输了，说明企业达到了投资目标，盈利良好，投资人虽然损失了点股份，但剩余股份的股权价值的增值远远大于损失。因此，对赌是投资人锁定投资风险的重要手段，在金融风暴的背景下，越来越多的投资人要求使用对赌。

但是对赌特别容易导致企业主心态浮躁，为了完成对赌所设定的指标，不惜用损害企业长期整体价值的方式来争取短期订单，或者过度削减成本。从发展角度出发，一般建议创始团队对该要求予以婉拒，只有在特别看好企业未来发展时，才能够考虑接受。

8. 共商退出机制

股权投资主要有以下几种退出机制。

（1）首次公开上市退出（IPO）

首次公开发行（IPO）是投资人最喜欢的退出方式。在IPO之后，投资机构可抛售其手里持有的股票获得高额的收益。

（2）并购退出

兼并收购是未来最重要的退出方式。并购退出的优点在于不受IPO诸多条件的限制，复杂性较低、花费时间较少。并购退出的缺点主要在于其收益率远低于IPO，退出成本也较高，并购容易使企业失去自主权，企业还要找寻合适的并购方，并且选择合适的并购时机，对公司进行合理估值等也存在不小挑战。

（3）回购退出

股份回购是收益稳定的退出方式。回购主要分为管理层收购和股东回购，是指企业经营者或所有者从直投机构回购股份。总体而言，企业回购方式的退出回报率很低但是稳定，一些股东回购甚至是以偿还类贷款的方

式进行，总收益不到20%。

回购退出，对于企业而言，可以保持公司的独立性，避免因创业资本的退出给企业运营造成大的震动；对于投资机构而言，创业资本通过管理层回购退出的收益率远低于IPO方式，同时要求管理层能够找到好的融资杠杆，为回购提供资金支持。通常此种方式适用于那些经营日趋稳定但上市无望的企业，根据双方签订的投资协议，投资公司向被投企业管理层转让所持公司股份。

（4）股权转让

股权转让是快速的退出方式，是指投资机构依法将自己的股东权益有偿转让给他人，套现退出的一种方式。例如私下协议转让、在区域股权交易中心（即四板）公开挂牌转让等。

此退出方式适用于上市无望、上市前景不明确或继续独立发展受到行业规模限制等的企业。在PE基金进入较早，所投资企业股权增值很高的情况下，即使企业上市的可能性很大，有些PE基金也愿意选择转让股权变现退出，这都是稳健型PE基金愿意采取的策略。

（5）借壳上市

借壳上市是另类的IPO退出。所谓借壳上市，指一些非上市公司通过收购一些业绩较差、筹资能力较弱的上市公司，剥离被购公司资产，注入自己的资产，从而实现间接上市的操作手段。

相对正在排队等候IPO的公司而言，借壳的平均时间大大减少，在所有资质都合格的情况下，半年以内就能走完整个审批流程，借壳的成本方面也少了庞大的律师费用，而且无须公开企业的各项指标。

但是借壳也容易产生一些负面问题，例如：滋生内幕交易、高价壳资源扰乱估值基础、削弱现有的退市制度等。

（6）清算退出

破产清算是投资人最不愿意看到的，针对投资失败项目的一种退出方式。清算退出是在被投资企业发展缓慢、市场波动导致私募股权投资项目很难成功时，私募股权基金无法通过IPO、并购的途径退出，而被投资企业也没有足够的资金回购股权，因而只能通过清算收回一定比例的投资额，减少损失。清算退出是PE各方最不愿采用的一种方式，只能在投资失败时将损失尽可能减少。同时，清算通常收益率为负值，耗时多，有较为复杂的法律程序。

综上所述，每一种退出渠道都各有其优劣，不能绝对地去评判某种退出渠道的适合与不适合，应根据企业的自身特点和当时的外部环境，灵活地选择退出方式。

第十章 IPO——企业上市融资

>> 上市融资，就是将经营公司的全部资本等额划分，表现为股票形式，经批准后上市流通，公开发行，由投资者直接购买，短时间内可筹集到巨额资金。

 # 第一节
A股上市前的机构安排及费用

中小企业IPO上市并非一朝一夕，而是一个漫长的过程。在筹备IPO的过程中，需要接触哪些机构？每个机构的职责是什么？如何选择合适的中介机构呢？

1. 中介机构

股票发行上市一般需要聘请以下中介机构，如图10-1所示。

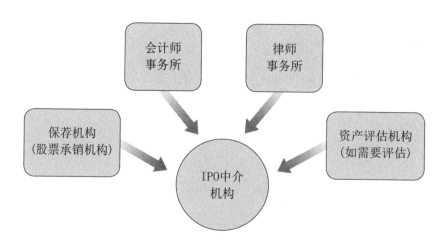

图10-1　上市需聘请的中介机构

保荐机构是经中国证监会批准注册登记的证券经营机构，其主要职责是尽职推荐发行人证券发行上市，上市后持续督导发行人履行规范运作、信守承诺、信息披露等义务。

股票发行上市，必须聘请具有证券从业资格的会计师事务所承担有关审计和验资等工作，依法聘请律师事务所担任法律顾问。

企业申请公开发行股票涉及资产评估的，应聘请具有证券从业资格的资产评估机构承担，资产评估工作一般包括资产清查、评定估算、出具评估报告。

企业以实物、知识产权、土地使用权等非货币资产出资设立公司的，应当评估作价，核实资产。国有及国有控股企业以非货币资产出资或者接受其他企业的非货币资产出资，应当遵守国家有关资产评估的规定，委托有资格的资产评估机构和执业人员进行；其他的非货币资产出资的评估行为，可以参照执行。

2. 如何选择中介机构

企业上市需要聘请专业的中介机构，而企业和中介机构之间是一种双向选择的关系，企业在选择中介机构时，需要注意以下几个方面。

第一，中介机构的资格。在我国，会计师事务所和资产评估师事务所从事股票发行上市业务必须具有证券从业资格，证券公司须具有保荐承销业务资格。

第二，中介机构的执业能力、经验和质量。企业通过对中介机构的了解，选择具有较强执业能力、熟悉企业所从事行业，并具有良好声誉的中介机构，以保证中介机构的执业质量。

第三，中介机构之间应该具有良好的合作。企业上市是发行人与所选择的中介机构之间通力合作的结果，中介机构之间应该能够进行良好的合作，尤其是在保荐机构与律师、会计师事务所等之间。

路漫漫其修远兮，IPO之路漫长，选对了中介机构，事半功倍。

3. 中介费用及构成

企业上市虽然有巨大的利益，但是成本也不低，如表10-1所示。

表10-1 上市收益与成本对比

上市收益	上市成本
上市融资成功，公司获得巨额资金，资金成本几乎为零，解决了公司发展和扩张的资金缺口	上市过程中，公司必须做到从报告期开始进行合规运作，带来税务、社保等成本的大幅上升；而一旦不能顺利上市，相关的成本也不能得到补偿
上市对公司治理、规范运作等方面要求较高，从而提高了公司的管理水平和风险控制能力，降低了经营风险	公司治理、规范运作带来的管理成本增加、决策效率下降；控股股东必要时还将要优先保证中小股东的利益
上市以后，公司成为公众公司，知名度大幅提升，有助于公司的市场推广和营销工作	上市过程中和上市成功后，公司关注度、知名度提高，公司与监管层、媒体、投资者间出现沟通失误可能性增大，极易导致各类公关危机
以股权为纽带，对内可通过股权激励建立长效激励机制，对外可实施并购扩张	充分的信息披露，使公司无秘密可言

上市之路并非坦途，而且在这个过程中，要考虑所设计的资金成本、时间成本、机会成本等。上市是为了融资没错，但是，融资也需要付出很大一笔成本，尤其是中介费用。

企业IPO需要向主办券商、会计师事务所、律师事务所等中介机构支付相关费用。根据企业IPO发行量以及企业上市板块不同，中介费用会有部分差距，具体收费或收费标准一般由双方协商确定。

企业上市需要支付的中介费用构成，如图10-2所示。

1 给会计师事务所的审计及验资费

2 给律师事务所的律师费

3 给券商的保荐费、承销费、发行手续费、用于本次发行的信息披露费用及其他

图10-2 企业上市需要支付的中介费用

例如，根据统计，2023年1—5月A股IPO市场共新增134家企业发行上市，实际募资累计达1612.38亿元。2023年1—5月A股IPO发行上市企业的板块分布，如图10-3所示。

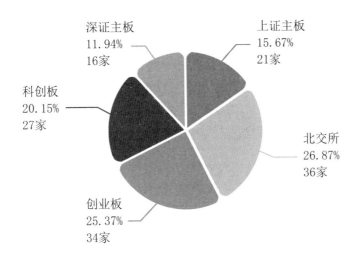

图10-3　2023年1—5月A股IPO发行上市企业板块分布

2023年1—5月A股IPO新上市企业的实际发行费用情况，如表10-2所示。

表10-2　2023年1—5月A股企业IPO费用（平均值）

IPO板块	募资额	发行总费用	承销保荐费	审计验资费	律师费
上证主板	13.17亿元	10890万元	8340万元	1332万元	630万元
深证主板	13.05亿元	10411万元	8017万元	1216万元	601万元
科创板	22.90亿元	14657万元	12021万元	1350万元	723万元
创业板	13.44亿元	11563万元	8838万元	1477万元	740万元
北交所	1.89亿元	2171万元	1478万元	427万元	213万元

除了以上费用之外，主要的费用还包括税务成本、社保成本等。

企业在改制为股份公司之前，可能存在大量避税情况，比如由于业务层面的问题导致少缴纳部分税款，或者企业财务管理制度不规范，成本支

出、收入确认等不符合税法规定，或是企业关联交易处理不慎等。当企业准备上市时就需要补缴所有税款，这就产生了税务成本。

社保成本在劳动密集型企业中尤为常见，企业内部存在劳动用工不规范的问题，比如社保基数降低、用工人数虚报等。发审委对于企业劳动用工的规范要求非常严格，企业IPO需要规范社保缴纳，因而付出较高的社保成本。

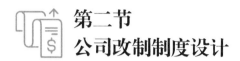

第二节
公司改制制度设计

对企业的股东、董事及高层管理人员而言，收购与反收购制度设计、股权激励制度设计、上市前的建章立制是改制公司的重要制度性设计，有助于其维护公司控制权。

1. 收购与反收购制度设计

上市公司常见的几种收购形式如下。

第一种：举牌收购。收购方通过二级市场购买上市公司的流通股份，每次过5%证监会要求发布相关公告。这种方式，主要适用于公司股权架构分散、即便是大股东也没有特别多的股份份额、股份多为流通股的企业，这类企业在收购行动中最容易成为被举牌的目标。

比如，北大方正并购延中实业，延中实业是典型的三无概念股——无国资股、无法人股、无外资股，股权结构极为分散。北大方正在二级市场连续举牌收购延中实业的股票，最后成为控股股东，之后方正将自己的计算机、彩色显示器等优质资产注入延中实业并改名为方正科技。这是国内第一个完全通过二级市场举牌并购上市公司的案例。

第二种：协议收购。收购双方以协议方式进行股权转让，你情我愿，

皆大欢喜。

第三种：釜底抽薪。直接收购上市公司的母公司。

比如，凯雷投资收购徐工科技，直接收购了它的母公司徐州工程机械集团。

第四种，破产置换。先让上市公司宣告破产，并购方再将其优质资产置入上市公司空壳中，上市公司控股股东再以象征性价格出让上市公司股权给并购方。

例如，苏宁集团并购ST吉纸。首先进入破产程序，解决债务纠纷，接着一次性偿清债务，实现净壳。随后，收购方将资产注入。最后，收购股权，实现上市。

第五种：借壳上市。主要是对朝不保夕、业绩很差的上市公司进行并购。这种并购是最划算的，但也要承担它的历史债务。

例如，北京住总集团借壳琼民源。这种模式在当今政策背景下操作难度大，而且也没有必要，因为现在都是注册制，上市很容易，不像过去上市需要保荐。

任何一种善意的收购都需要被收购方管理层配合，如果不知会，并购方就单独行动，都属于恶意收购。虽然资本不分善恶，但回到操作层面，绕开管理层的收购，难度都会增大，成功机会变小。

被收购方通过反收购制度设计，可以有效拒绝被收购。

（1）金字塔多层持股

金字塔持股结构指公司实际控制人通过间接持股形成一个金字塔式的控制链，实现对目标公司的控制。公司控制权人控制第一层公司，第一层公司再控制第二层公司，以此类推，通过多个层次的公司控制链条取得对目标公司的最终控制权。

例如，李嘉诚家族的金字塔持股架构，如图10-4所示。

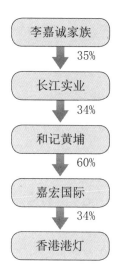

图10-4　李嘉诚家族的金字塔持股架构

在金字塔持股结构中，控制性大股东位于金字塔顶端，上市公司位于金字塔最底层，两者之间还有多层公司位于其中，而这些公司也处于金字塔顶层控制性股东的控制之下。这样，控制性股东就通过这种关联企业集团的金字塔形结构来控制金字塔最底层的上市公司，通过现金流所有权和控制权的分离，即以较少的股份达到控制上市公司的目的。

金字塔股权架构是一种形象的说法，就是多层级、多链条的集团控制结构，"以少博多掌握公司大权"更是对该架构的极致形容。在实务中，这样的设置能有效降低企业经营风险和财务风险，提高公司的偿债能力和抗风险能力，减少企业的利润波动，稳定企业的收益，同时还能实现多元化经营和交叉补贴。因此在众多大型企业与有名的上市企业中，常常能见

到金字塔架构的身影。

（2）一致行动人协议

一致行动人控制，即持有小比例股权的实控人，与其他股东签署一致行动人协议，在股东会或股东大会中，保持意见统一，并以此占据优势表决权比例，从而实现对公司的控制。

这种控制模式下，各一致行动人，表决权分别独立行使，而不是委托给实控人代为行使，这是与委托投票权不同的地方。

例如，网宿科技的大股东陈宝珍和刘成彦分别持有公司34.860%和21.366%的股份，都不能单独对公司的决策形成决定性影响，通过签署一致行动人协议，采取一致行动，从而保证对公司的控制权。

如果公司的主要股东签署了这个一致行动人的协议，这些人的股份加起来超过50%，那么他们做出的决定也会统一，最终也会代表着公司的决定。虽然这样有利于公司的战略发展，却让外部投资者和小股东没有话语权了。

（3）表决权委托

随着公司的不断融资壮大，创始人的股权将被不断稀释，有可能丧失公司的绝对控股权。但是，基于股权与投票权可以分离，创始人在无法掌握控股权的情况下，可以考虑如何获得其他部分股东的投票权。

例如，在万科股权之争中，恒大集团将所持有的万科A股表决权、提案权、参加股东大会的权利委托给深圳地铁公司。

由于小股东持股较少，要控制公司，必须利用某种工具。表决权委托协议，就是常用的工具之一。通过表决权委托协议，小股东可以把其他股东所享有的表决权拿到自己手里。拿到的他人表决权，加上自己的表决权，达到一定比例，就可以实现对公司的控制。

不过，表决权委托协议，也有一定的风险，当与委托表决权的股东发生矛盾时，可能会被其解除协议。

（4）AB股模式

AB股，即"同股不同权"，这里的"权"作狭义解释，仅指"表决权"，也就是美股市场盛行的"双重股权结构"。在我国的法律语境下，被称为"差异化表决权""特别表决权""不同投票权架构"。

具体做法是，公司股票分为A和B两类，分别对应低、高两种表决权。A类股由一般股东持有，每股享有不高于1票的表决权；B类股由核心管理层（通常为创始人）持有，每股享有超过1票且无上限的表决权，具体差异化比例以公司章程约定为准。经济性权利上，两类股票相同。B类股不公开交易，一旦易主，即按照1:1的比例转换成普通A类股。

例如，Facebook将企业股份分为A系列普通股和B系列普通股，其中一个B系列普通股对应10个投票权，而一个A系列普通股对应1个投票权，也就是说B股投票权是A股的10倍。在此之外，创始人扎克伯格还与部分股东签署"表决权代理协议"，即B股投资者授权他代为表决，他本身持有28.40%的B股，加上代理投票权的30.50%，实际上掌握了企业58.90%的投票权，在股东会决策中拥有控制权。

双重股权结构下，企业的投票权集中在管理层，外部投资者对企业决策产生的影响较小，有助于管理层对企业的控制。

（5）优先股模式

优先股是享有优先权的股票。优先股的股东对公司资产、利润分配等享有优先权，其风险较小。但是优先股股东对公司事务无表决权，没有选举权及被选举权，一般来说对公司的经营没有参与权。优先股股东不能退股，只能通过优先股的赎回条款被公司赎回。

从债权人的角度看，优先股属于公司股本，从而巩固了公司的财务状况，提高了公司的举债能力，因此，财务风险小。优先股票筹资的最大不

利因素是资金成本高，因为优先股票股利不能抵减所得税，其成本高于债务成本。

（6）毒丸计划

被收购方向普通股股东发行优先股，一旦公司被收购，股东持有的优先股就可以转换成一定数额的股票。这样将大大稀释收购方的股权，使收购代价变得极其高昂。

例如，新浪反收购大战。2005年盛大突然宣布已经拿下新浪19.5%的股权，并希望获得控制权。新浪为防止被盛大恶意收购，便启动了毒丸计划——当盛大持股超过20%时，每位当前的新浪股东都能半价购买新增发的新浪股票。最终盛大选择减持新浪，维持在11.4%。

总之，公司创始人在了解各种控制权的利弊以后，可根据公司现阶段的具体情况，设计反收购制度，尽量做到效果最好，代价最小，可靠性最高。

2. 股权激励制度设计

为保证核心员工的稳定性，并提高忠诚度，促进公司业绩提升，实现公司长远发展，拟上市公司往往会在IPO前推出股权激励计划。

拟上市公司股权激励模式主要有三种：实股、虚股、期权。

（1）实股：创造长期股东价值

实股是员工在企业所实际拥有的股份，是在工商局做过注册或变更登记手续的，拥有股东的投票、表决权、继承权、转让权、分红权，可参与企业重大决策和投票，是受国家法律保护的真正意义上的股东。

实股是最为直接简单有效的股权激励模式，是对一起打江山的创业元老做出贡献的补偿和回报；是为锁定未来，为了解决创业元老们的后顾之忧，等有一天他们干不动的时候还可以继续享受公司剩余价值的分配。

实股是与"虚股"相对而言的，通常把花钱购买的股票，叫作实股。

（2）虚股（干股）：所有权和收益权分离

虚股，就是激励员工的一种虚拟股票，被激励的员工可凭协议约定享有一定数量的分红和收益，甚至可以参与公司重大事项讨论。因其不在工商办理注册登记，没有法律层面赋予的投票表决权，更无法继承转让和出售，往往在员工离开公司时自动失效，所以持虚股的员工不是法律意义上的真正股东。

干股是常见的一种虚股形式，它是指股东不必实际出资就能占有公司一定比例股份份额的股份。他不出股资，却参与分红。其实干股并不是指真正的股份，而是指假设这个人拥有这么多的股份，并按照相应比例分取红利。

这概念往往存在于民间，特别是民营企业，民企的创业者们在给予干股的时候，有的会签署一些协议，有的没有，但是基本上无论哪种，持有干股的人都不具有对企业的实际控制权（有实际控制权的是"实际控制人"）。所以，这种干股协议叫作分红协议更加贴切。

（3）期权：通过股票增值获利

期权作为一种股权激励方法，是指由企业赋予激励对象的一种期待权利，激励对象在规定的年限内可以以事先确定的某个固定价格购买将来的一定数量的企业股票。其激励的核心是可以无偿取得股票期权，这种股票期权可以使他以现在的较低价格购买成长发展了几年的价格增长的股票，从而分享公司发展的收益。当然如果股票价格缩水激励对象可以选择放弃行权，从而避免损失。

这种激励方式员工会更喜欢，有高度的认同感。

《首次公开发行股票并上市管理办法》规定："发行人的股权清晰，控股股东和受控股股东、实际控制人支配的股东所持发行人的股份不存在重大权属纠纷。"

在这个前提下，拟上市企业以授以激励对象实股的股权激励方式居多，且一般搭建持股平台，达到激励对象间接持股的目的。

激励股权的分配，一般在公司的管理层、核心技术人员、骨干人员以

及普通员工中按照合理比例进行分配。分配时，应充分考虑员工已服务期限、职级及岗位、贡献度、考核情况等因素确定，且各类因素可设定不同的权重占比。

激励股权的定价，可根据公司截至授予时点的公司净资产值确定，也可以根据近期的融资估值确定，甚至可根据公司当时的注册资本原值以1元/股的价格授予。具体选择何种价格进行授予，取决于公司对员工进行激励的程度和力度以及公允价值的确定。基于股权激励之目的，一般以低于公允价值的价格。

3. 上市前的建章立制

股份有限公司成立之初，依据相关法律要求制订公司章程，用来维护公司、股东及债权人的相关权益，规范公司的经营行为与管理组织，调整公司股东之间的权利义务关系。

用管理机制代替治理结构，是创业企业常见的体制性问题。很多企业的治理结构中尽管设置了董事会，但由于股权高度集中，董事会由大股东控制，形同虚设。而且组织中存在家族文化，使企业决策人在管理实践的过程中，常常自觉或不自觉地用"操纵"代替"管理控制"，各项规章制度及标准的制订、执行都缺乏公开公平，造成决策透明度低，内部风险控制机制缺乏，企业外部对企业的监督严重缺失，治理结构失衡。

因此，有必要规范企业治理结构，建立一个由股东、董事会和企业高层经理人员构成的组织，相互之间形成制衡关系。如股东将自己的资产交由企业董事会托管，董事会作为创业企业最高决策机构，拥有对高层经理人员的聘任、解雇以及奖罚权，高层经理人员受雇于董事会，并在董事会授权范围内管理企业；创始人对外聘的高层人员要按章程赋予职权；重大的决策由董事会集体做出，创始人的家族成员都不能越权，不仅不能直接对企业经营活动任意干预，也不能越过董事会干扰总经理的管理工作；创业企业聘来的总经理不是对创始人家族成员负责，而是向董事会负责；董事会可以引进适当比例的外部董事或独立董事，以避免内部人的控制出现。

所以，上市前的建章立制，是为了确保公司的高效运行以及使经营符合规范。为此，企业可以从实际出发，制作公司制度手册，并对其不断完善。该手册的内容包含：股东大会议事规则、董事会议事规则、监事会议事规则、信息披露管理办法、独立董事设置规则、中小股东权益保障制度。从而将公司章程的原则具体化，初步形成公司的治理结构。

形成公司的初步治理结构后，企业需依据公司章程的规定建立企业的内部控制制度，以提高经营的效率，增强公司披露信息的可靠性。实际上，上市公司建章立制的重点就是强化企业的内部控制制度。只要掌握好内部控制，就可以建立一个规范、合法、合规的公司制度，帮助企业完成制度改制。

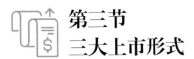 **第三节
三大上市形式**

中国企业IPO有三种方式：第一是境内上市，即在上海或深圳证券交易所上市；第二是直接境外上市，即在中国香港联交所、纽约证券交易所、纳斯达克证券交易所、新加坡证券交易所等境外证券交易所直接上市；第三是通过收购海外上市公司或者在海外设立离岸公司间接上市。

1. 企业境内上市

境内上市公司的市盈率大多为30～40倍，发行市盈率长期高于其他市场交易的同行业股票市盈率。可以说，能让上市公司发行同样的股份融到更多的钱，是境内上市的核心优势。

股票发行共有三种制度：审批制、核准制和注册制。其中，审批制是完全计划发行的模式，注册制是成熟股票市场采用的模式，而核准制是从审批制向注册制过渡的中间形式。

目前，全面实行注册制不仅涉及沪深交易所主板、新三板基础层和创新层，也涉及已实行注册制的科创板、创业板和北交所。

2. 直接境外上市

直接境外上市是指中国企业以境内股份有限公司的名义向境外证券主管部门申请登记注册、发行股票，并向当地证券交易所申请挂牌上市交易。比如，H股、N股、S股分别指中国企业在中国香港联合交易所、纽约交易所、新加坡交易所发行股票并上市。

境外直接上市具有以下优点。

第一，境外上市门槛低，筹资速度快。尤其是海外创业板，对中小企业上市条件相当宽松，加上境外市场一般都采取注册制，申请手续简单，周期短，各国证交所纷纷打出"筹资速度快"这张牌来吸引中国企业。

比如，新加坡4个月内完成审批手续，韩国3个月，而美国纳斯达克只需要2个月。

第二，境外市场和投资者相对成熟。境外资本市场的投资者多为机构，经过长期的市场演进后，逐渐形成了较为成熟的投资理念。而成熟的投资机构更容易理解创新型企业的业务模式。

比如，百度在美国纳斯达克上市前，Google已经以其华尔街的卓越表现确立了在互联网搜索引擎方面的主要地位，因此，百度的盈利模式极容易被美国的投资者接受。

正如百度首席财务官所说："选择美国上市，是由于没有哪个市场比美国更能理解百度的业务。如果资本市场已有类似的企业，就很容易被投资者接受，选择那样的市场发行，就很容易发出去，股价表现也比较好。"

第三，境外市场约束机制更有助于企业的成长。境外资本市场对创业企业，尤其是创新型企业具有良好的培育机制，通过境外上市，中国企业受到更成熟的国际机构投资者和更规范的市场机制监督，对企业自身的治理和管理水平的提高具有很大的促进作用。

例如，蒙牛在中国香港上市后，更具与伊利分庭抗礼的实力。

第四，创业企业境外上市，可以提升国际声誉，增加海外机会。企业在境外上市，往往能赢得较高的声誉，并加入国际知名企业的队列中去。国外知名度的提升和来自各方面的合作机会，为企业提供了长期发展的契机。

例如，无锡尚德登陆有"富人俱乐部"之称的纽交所之后，其品牌价值大大提升，进而增强了其拓展国际市场的能力。

但是，直接境外上市也存在不足。

首先，境外上市的发行成本较高。相比于境内上市，境外上市需要支付更高的成本、筹集更少的资金。

其次，境外上市后维护成本高。从直接费用来看，境外上市需要支付较高的律师、会计师、交易所年费等后续费用。

比如，在中国香港上市的公司每年要支付14.5万到119万港元不等的年费，而上海证券交易所每年只收6000元人民币，深圳证券交易所每年只收6000至30000元不等的年费。

由于我国企业不熟悉外国法律体系，这不仅要付出更高的律师费用，还可能面临各种诉讼风险。

另外，我国企业在境外上市后，由于不熟悉海外市场资本运作的方式，与投资者信息沟通不畅，造成后续市场表现不佳，股价不断下挫，难以继续融资，甚至面临被摘牌的风险。同时，信息沟通不畅及语言文化方面的问题，也使国外投资者不能充分认识我国企业的投资价值，不利于境外上市的企业建立国际品牌和商誉。

3. 间接境外上市

与直接境外上市相对应，间接境外上市就是境内公司海外"借壳上市"。通过借壳上市方式，实现中国境内公司境外上市，境内公司与境外上市公司的联系是资产或业务的注入、控股。

境外借壳上市包括两种模式，一是境外买壳上市，二是境外造壳上市。两种模式的本质都是将境内公司的资产注入壳公司，达到国内资产上市的目的。

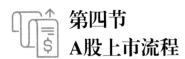

第四节
A股上市流程

A股上市是一个艰巨的任务，也是一个具有挑战性的过程。

1. 组建上市工作小组

由于A股上市工作涉及面广，工作量大，周期长，一般需要1～3年的长期工作，单人难以负荷。因此，上市计划启动的第一步就是组建团队。

组建上市工作小组，主要分为公司内部+外部第三方机构。公司团队的发挥与中介机构的配合，很大程度上决定了申报工作的进展以及上市的成功与否。

公司内部的上市小组组成，如图10-5所示。

决策者
◎ 一般是拟上市公司的实际控制人，具有上市坚定信心的决策者

总协调人
◎ 企业内部的总协调人一般由董秘担任

财务负责人
◎ 财务负责人在上市过程中有着无法替代的作用

图10-5　公司内部的上市小组组成

2. 尽职调查和制订上市工作方案

尽职调查是中介机构进场后的首要工作内容，其目的是尽快了解企业的基本情况，找出企业存在的问题，为拟订方案奠定基础；同时尽职调查有助于中介机构评估项目风险，提高自身的业务风险防范和风险管理水平。

尽职调查的范围，包括企业的控股子公司、对企业生产经营业绩具有重大影响的非控股子公司以及其他关联企业。

尽职调查完成后各家中介机构应该共同协助企业完成以下工作。

①拟订转制方案及上市整体方案；

②确定发起人、出资形式，签订发起人协议，并拟订公司章程草案；

③进行审计、评估，并出具审计报告、资产评估报告等相关报告；

④向工商行政管理部门办理公司名称预核准，名称预核准有效期为6个月；

⑤取得关于资产评估结果的核准及国有股权管理方案的批复。（非国有企业不需要做此项工作）

3. 进行增资扩股

有限责任公司增资扩股方式，一般为以下两种。

第一种，公司股东按原出资比例增加出资额，而不改变出资比例。增资后，各股东出资比例保持不变。

第二种，邀请出资，改变原出资比例。邀请出资的对象，可以是公司原股东，也可以是公司原股东以外的人。如果是公司原股东认缴出资，可以是另外缴纳股款，也可以采取把资本公积金或应分配给股东的股息红利转化为出资的方式。

例如，某有限责任公司原有出资总额500万元，股东甲出资300万元（占出资总额60%），股东乙出资100万元（占出资总额20%），股东丙出资100万元（占出资总额20%）。

现公司增资500万元，由股东甲认缴100万元，股东乙认缴200万元，股东丙认缴200万元，这就改变了公司原有股东的出资比例。增资后公司注册资本为1000万元，甲出资比例为40%，乙出资比例为30%，丙出资比例为30%。

4. 设立股份公司

股份有限公司是注册资本分为等额股份，股东以其所持有股份为限对公司承担责任的一种组织形式。公司以其全部资产对公司的债务承担有限责任。核心是全部资本划分为等额股份。

企业要上市必须先进行股份制改造，设立股份有限公司。股份公司设立的两种方式：第一，发起设立，是指由发起人认购公司应发行的全部股份而设立公司。第二，募集设立，是指由发起人认购公司应发行股份的一部分，其余股份向社会公开募集或者向特定对象募集而设立公司。

股份有限公司与有限责任公司的主要区别如下：

第一，资本金最低限额不同。有限责任公司的最低资本限额为3万元，股份有限公司为500万元。

第二，审批程序不同。有限责任公司实行注册登记制度，股份有限公司实行行政审批制度。

第三，股东人数的限制不同。有限责任公司的股东人数最少为1人，最多为50人；股份有限公司股东人数2人以上，200人以下。

5. 进入三个月辅导期

按照中国证监会的有关规定，拟上市公司在向中国证监会提出上市申请前，均需由具有主承销资格的证券公司进行辅导，辅导期限至少三个月。

在上市辅导过程中，辅导机构会在尽职调查的基础上根据上市相关法律法规确定辅导内容。辅导内容主要包括以下几个方面。

①核查股份有限公司的合法性与有效性：包括改制重组、股权转让、

增资扩股、折股／验资等方面是否合法，产权关系是否明晰，商标、专利、土地、房屋等资产的法律权属处置是否妥善等。

②核查股份有限公司人事、财务、资产及供产销系统独立完整性：督促公司实现独立运营，做到人事、财务、资产及供产销系统独立完整，形成核心竞争力。

③组织公司董事、监事、高级管理人员及持有5%以上（包括5%）股份的股东进行上市规范运作和其他证券基础知识的学习、培训和考试，督促其增强法制观念和诚信意识。

④监督建立健全公司的组织机构、财务会计制度、决策制度和内部控制制度以及符合上市公司要求的信息披露制度，实现有效运作。

⑤规范股份有限公司和控股股东及其他关联方的关系：妥善处理同业竞争和关联交易问题，建立规范的关联交易决策制度。

⑥帮助拟上市公司制订业务发展目标和未来发展计划，制订有效可行的募股资金投向及其他投资项目规划。

⑦帮助拟上市公司开展首次公开发行股票的相关工作。在辅导前期，辅导机构应当协助公司进行摸底调查，制订全面、具体的辅导方案；在辅导中期，辅导机构应当协助企业集中进行学习和培训，发现问题并解决问题；在辅导后期，辅导机构应当对公司进行考核评估，完成辅导计划，做好上市申请文件的准备工作。

需要注意的是，辅导有效期为三年，即本次辅导期满后三年内，拟上市公司可以向主承销商提出股票发行上市申请；超过三年，则需按规定的程序和要求重新聘请辅导机构进行辅导。

6. 申报与核准

第一，在主板上市公司首次公开发行股票的核准程序。

①申报。发行人应当按照中国证监会的有关规定制作申请文件，由保荐人保荐并向中国证监会申报。特定行业的发行人应当提供管理部门的相关意见。

②受理。中国证监会收到申请文件后，在5个工作日内作出是否受理的决定。

③初审。中国证监会受理申请文件后，由相关职能部门对发行人的申请文件进行初审。

④预披露。发行人申请首次公开发行股票的，在提交申请文件后，应当按照国务院证券监督管理机构的规定预先披露有关申请文件。

⑤发审委审核。相关职能部门对发行人的申请文件初审完成后，由发审委组织发审委会议进行审核。

⑥决定。中国证监会依照法定条件对发行人的发行申请作出予以核准或者不予核准的决定，并出具相关文件。

第二，在创业板上市公司首次公开发行股票的核准程序。

①申报。发行人应当按照中国证监会有关规定制作申请文件，由保荐人保荐并向中国证监会申报。

②受理。中国证监会收到申请文件后，在5个工作日内作出是否受理的决定。

③审核。中国证监会受理申请文件后，由相关职能部门对发行人的申请文件进行初审，并由创业板发行审核委员会审核。

④决定。中国证监会依法对发行人的发行申请作出予以核准或者不予核准的决定，并出具相关文件。

7. 发行上市

发行人应当自中国证监会核准之日起6个月内发行股票；超过6个月未发行的，核准文件失效，须重新经中国证监会核准后方可发行。

发行申请核准后至股票发行结束前发生重大事项的，发行人应当暂缓或者暂停发行，并及时报告中国证监会，同时履行信息披露义务。出现不符合发行条件事项的，中国证监会撤回核准决定。

股票发行申请未获核准的，发行人可自中国证监会作出不予核准决定之日起6个月后再次提出股票发行申请。

第十一章　股票市场与交易

>> 　股票上市是指已经发行的股票经证券交易所批准后，在交易所公开挂牌交易的法律行为，是连接股票发行和股票交易的"桥梁"。在我国，股票公开发行后即获得上市资格。上市后，公司将能获得巨额投资，有利于公司的发展。

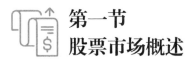

第一节
股票市场概述

上市企业发行股票，交易的场所或者平台，就是股票市场。一般来讲，股票市场是指股票在上海证券交易所、深圳证券交易所、纳斯达克、纽约证交所等金融机构进行交易的地方。

1. 股票市场及其种类

股票市场是已经发行的股票转让买卖和流通的场所。根据市场功能划分，股票市场可分为发行市场和流通市场。

发行市场是通过发行股票进行筹资活动的市场，一方面为资本的需求者提供筹集资金的渠道，另一方面为资本的供应者提供投资场所。发行市场是实现资本职能转化的场所，通过发行股票，把社会闲散资金转化为生产资本。由于发行活动是股市一切活动的源头和起始点，故又称发行市场为"一级市场"。

流通市场是已发行股票进行转让的市场，又称"二级市场"。流通市场一方面为股票持有者提供随时变现的机会，另一方面又为新的投资者提供投资机会。与发行市场的一次性行为不同，在流通市场上股票可以不断地进行交易。

2. 股票的种类

按照上市的地点进行划分，股票可以分为以下几种。

A股，被称为人民币普通股票，是指在中国大陆注册上市的，必须以人民币购买和交易的股票。

B股，被称为人民币的特种股票，是指在中国大陆注册上市，以人民币来标明股票的面值，但只能用外币认购和交易的特种股票。

H股，这种股票被称为国企股，指的是在香港上市的企业股票。

S股，是指主要业务在中国大陆生产或者经营，但是企业的注册地在新加坡。

3. 股票发行、交易与上市

股票发行和上市并非完全一样，发行是企业以现金的形式出售股份给投资者，而上市是将已发行的股票在证券交易所进行交易，让投资者可以购买股票，从而使股票成为可以在证券交易所买卖的流通股。

股票交易分为以下四个等级的市场：

一级市场，也被称为发行市场。

二级市场，投资者购买股票的交易市场。

三级市场，已经上市的股票转移到其他地方进行交易的市场。

四级市场，简单来说就是机构或者个人直接使用通信网络进行交易的市场。

4. 几种主要的金融违法行为（守法的重要性）

股票违法行为是指上市企业集中资金、内部信息、管理优势等，达到使股票价格可持续地改变，为自己获得不正当的巨额利润的行为，比如内幕交易、暗箱操作。

除此之外，对于个人存在以下违法违规行为的，根据不同情况，单处或者并处警告、没收非法获取的股票和其他非法所得、罚款。

并购重组过程中，上市公司及并购对象财务造假、舞弊行为；

以市值管理名义内外勾结、集中资金优势和信息优势操纵市场行为；

与多种违法违规行为交织的新三板市场发生的内幕交易行为；

证券公司等金融机构从业人员利用未公开信息交易行为；

集中资金、持仓优势操纵期货交易价格行为。

5. 公司非法发行股票的后果

根据《中华人民共和国刑法》第一百七十九条规定，未经国家有关主管部门批准，擅自发行股票或者公司、企业债券，数额巨大、后果严重或者有其他严重情节的，处5年以下有期徒刑或者拘役，并处或者单处非法募集资金金额1%以上5%以下罚金。

单位犯本罪的，实行双罚制，即对单位判处罚金，并对其直接负责的主管人员和其他直接责任人员，处5年以下有期徒刑或者拘役。

第二节
多层次资本市场

经过30多年发展，中国已形成三大股票交易所、四层股权交易板块的多层次资本市场体系。

1. 股票交易所

三大股票交易所分别是上海证券交易所（上交所）、深圳证券交易所（深交所）、北京证券交易所（北交所）。其中上交所主要交易板块为主板、科创板，深交所主要交易板块为主板、创业板，北交所交易板块平移自新三板精选层。

从主板到区域股权交易市场，构成四层交易板块，如图11-1所示。

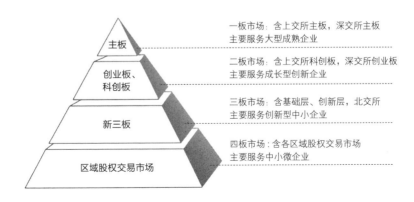

图11-1 中国多层次资本市场

另外，场外交易市场也是债券交易市场的重要部分。

场外交易市场（Over-the-counter，券商OTC）是指通过大量分散的像投资银行等证券经营机构的证券柜台和主要电讯设施买卖证券而形成的市场，这些市场因为没有集中的统一交易制度和场所，因而被统称为场外交易市场，又称柜台交易或店头交易市场。它没有固定的场所，由证券买卖双方在交易所外当面议价成交，主要利用电话、电报、传真及计算机网络进行，交易的证券以不在交易所上市的证券为主。

就类别而论，在场外交易市场中进行买卖的证券，主要是国债，股票所占的比例很少。至于交易的各类债券，从交易额来看，主要以国债为主。

2. 金融资产交易所

北京金融资产交易所（北金所）是在财政部、中国人民银行指导下，经北京市人民政府批准成立的专业化金融资产交易机构，于2010年5月30日正式揭牌运营。

北金所为市场提供债券发行与交易、债权融资计划、企业股权、市场化债转股资产、债权和抵债资产交易，以及债券回购违约处置、到期违约债券转让等服务，为各类金融资产提供从备案、挂牌、信息披露、信息记载、交易到结算的一站直通式服务。

3. 区域交易中心

区域性股权市场的成立初衷，是便利企业融资、盘活存量资产，主要服务于所在省级行政区域内中小微企业的私募股权市场，是多层次资本市场体系的重要组成部分，也是地方人民政府扶持中小微企业政策措施的综合运用平台，以区域股权交易中心和地方金交所为典型代表。

目前，全国有40余家区域股权交易中心。较为出名的有：前海股权交易中心、北京股权交易中心、上海股权托管交易中心、广州股权交易中心、天府四川股权交易中心、厦门两岸股权交易中心、江苏股权交易中心等。

4. 互联网金融资产交易中心

金融资产交易所，是为金融资产交易提供信息和场所的平台。金融资产交易所诞生的初衷，是响应发展多层次资本市场，盘活流动性较差的金融资产，尤其是非标资产。

互联网金融资产交易中心与传统的金融资产交易中心并没有根本业务模式和资产获取类型的区别，更多强调的是基于互联网开展业务，充分发挥线上平台吸纳闲散资金的能力。

比如，浙江互联网金融资产交易中心、温州金融资产交易中心都允许个人会员的存在，投资门槛在千元、万元不等。

在互联网金融兴起后，互联网金融资产交易平台不断涌现，这些平台具有以下特点：从资金端来看，不仅对接个人投资人，还依托金交所以及其他持牌机构对接机构投资人；从资产端来看，不仅包括个人、企业债务资产，还包括（类）金融机构的各类金融资产；资金和资产对接过程中的参与主体更多，多元化参与主体的互通互联增强了资产的流动性。

5. 第三方理财市场

第三方理财是指一些独立的中介理财机构，它们不同于银行、保险等金融机构，却能够独立地分析客户的财务状况和理财需求，判断所需投资工具，提供综合性的理财规划服务。

通常，第三方独立理财机构会先对客户的基本情况进行了解，包括客户的资产状况、投资偏好和财富目标，然后，根据具体情况为客户定制财富管理策略，提供理财产品，实现客户的财富目标。

6. 股票发行方与监管方

股票发行监管可以分为注册制和审批制两种基本模式。

注册制：发行方只需满足信息完全公开程序，无须申请主管部门核准

即可以发行股票。

审批制：发行方申请发行股票，除了要满足信息公开条件之外，还必须符合证券法律规定的实质条件，并经证券监管部门实质审查并批准。

从上面两种制度可以看出发行方与监督方的关系。

7. 证监会管辖范围

股票市场中的参与者除了投资者和中介机构，还有监管机构。股票监管机构包括证监会和证券交易所，其中证监会是主要监管机构。

中国证监会是国务院直属正部级事业单位，依照法律法规和国务院授权，统一监督管理全国证券期货市场，维护证券期货市场秩序，保障其合法运行。

8. 交易商协会管辖范围

中国银行间市场交易商协会，是全国银行间债券市场、拆借市场、票据市场、外汇市场和黄金市场参与者共同的自律组织。该协会业务职责范围如下。

①制订行业自律规则、业务规范和职业道德规范，并负责监督实施。

②依法维护会员的合法权益，代表会员向主管部门、立法机关等有关部门反映会员在业务活动中的问题、建议和要求。

③教育和督促会员贯彻执行国家有关法律、法规和协会制定的准则、规范和规则，监督、检查会员的执业行为，对违反章程及自律规则的会员给予纪律处分，维护市场秩序。

④对会员之间、会员与客户之间的纠纷进行调解。

⑤组织从业人员接受继续教育和业务培训，提高从业人员的业务技能和执业水平。

⑥组织会员进行业务研究、开展业务交流，根据会员需求，按照有关规定组织、管理适合银行间市场特性的产品研发，推动会员业务管理和业务规范。

⑦收集、整理和发布有关市场信息，为会员提供服务。

⑧对市场发展有关问题进行研究，为会员业务拓展及主管部门推动市场发展献计献策。

⑨开展为实现协会宗旨的其他工作。

第三节
上市补贴政策

为鼓励企业境外上市，各地政府"重金"奖励支持。

1. 政府上市补贴

政府上市补贴的动机，主要有以下几方面。

（1）重点扶持、支持特定产业

地方政府通过上市补贴来支持已有产业，或者积极吸引和发展新兴产业，促进经济增长。

（2）优化资源配置，促进经济发展

资本对经济增长有很大贡献，比如，产业链条庞大的电动汽车制造业、造船业等，对地方经济有巨大的拉动作用，在不同时期成为各地方争相拉拢的对象。地方政府寄希望于通过有限的财政资源撬动大量的社会资本投入，通过龙头产业拉动区域经济，实现全面快速的发展。

（3）增加就业，保持社会稳定

地方政府上市补贴，会向能够创造大量就业机会的行业倾斜，通过提高就业率，减少社会闲散人员数量，来减轻社会治安管理压力，维护社会稳定。

2. "专精特新"申请要求

"专精特新"，是"专业化、精细化、特色化、新颖化"。"专"指专业化与专项技术，企业专注并深耕于产业链中某个环节或某个产品；"精"指精细化，企业精细化生产、精细化管理和精细化服务；"特"指产品或服务的独特性与特色化，产品或服务具有行业或区域的独特性、独有性、独家生产的特点；"新"指自主创新与模式创新。企业满足其中任意一项，即可申报"专精特新"。

"专精特新"的认定标准如下。

①原则上注册并经营两年以上，具有独立法人资格，符合国家中、小、微型企业划分标准，拥有"专精特新"产品且生产经营状况良好。

②产品符合国家标准，特殊行业的要符合国家相关规定；新产品须经过专门机构认定，有合法有效的注册商标且进入市场一年以上。

③符合国家产业政策、技术政策和相关行业政策。

④符合"专精特新"定义的相应内容。

⑤在市场、质量、效益或发展等方面处于同行业领先水平，具备先进性和示范性。

3. "专精特新"补贴

"专精特新"奖励补贴如下。

（1）各省市中小企业

按照各省市补贴政策的不同，各省市级"专精特新"中小企业补贴为5万～100万元不等。

（2）北京地区中小企业

北京地区"专精特新"中小企业补助最高，可享300万～1000万元的补助。

（3）国家"小巨人"

已被认定国家级"专精特新""小巨人"的企业，奖励600万元/家，每年200万元。

（4）各省市"小巨人"

按各省市补贴政策不同，"专精特新""小巨人"企业享有20万～200万元补助。

第四节
上市后对接资本市场投资方

中国资本市场上的投资者主要可以分为两类：个人投资者（散户）和机构投资者。其中机构投资者主要包括：公募基金、私募基金、保险公司、社保基金、QDII、QFII等。

从结构上看，机构投资者已经逐渐成为A股市场的主要力量。过去15年，机构投资者持股占A股流通市值比例超过50%。

1. 公募证券基金

公募证券基金，是向不特定投资者公开发行受益凭证的证券投资基金，这些基金受法律的严格监管，利润的分配以及信息的披露都是需要定期进行的，运行受到行业规范限制。

2. 私募证券基金

私募证券基金，是指通过非公开方式向特定投资者募集资金并以特定目标为投资对象的证券投资基金。私募基金的招募方式是通过非主流大众传播的，发起人将非公众性多元主体的资金聚在一起建立投资基金，能够做证券投资。

公募基金采取公开发行的方式，私募基金是非公开发行的方式，而且面对特定投资者，这是两者之间的最大差别。

3. 保险公司

保险公司是指依《保险法》和《公司法》设立的公司法人。保险公司收取保费，将保费所得资本投资于债券、股票、贷款等资产，运用这些资产所得收入支付保单所确定的保险赔偿。

保险公司通过上述业务，能够在投资中获得高额回报并以较低的保费向客户提供适当的保险服务，从而盈利。

4. 社保基金

全国社会保障基金（社保基金）是指全国社会保障基金理事会负责管理的由国有股转持划入资金及股权资产、中央财政拨入资金、经国务院批准以其他方式筹集的资金及其投资收益形成的由中央政府集中的社会保障基金。

社保基金不向个人投资者开放，它是国家把企事业职工交的养老保险费中的一部分资金交给专业的机构管理，实现保值增值。

社保基金的具体运作：全国社保基金理事会直接运作的社保基金的投资范围仅限于银行存款、在一级市场购买国债，其他投资需委托社保基金投资管理人管理和运作并委托社保基金托管人托管。

社保基金的投资范围包括银行存款、国债、证券投资基金、股票，以及信用等级在投资级以上的企业债、金融债等有价证券，其中银行存款和国债的投资比例不低于50%，企业债、金融债不高于10%，证券投资基金、股票投资的比例不高于40%。

5. QDII

QDII（Qualified Domestic Institutional Investor），合格境内机构投资者，是指在人民币资本项目不可兑换、资本市场未开放条件下，在一国境内设立，经该国有关部门批准，有控制地允许境内机构投资境外资本市场的股票、债券等有价证券投资业务的一项制度安排。

设立该制度的直接目的是"进一步开放资本账户，以创造更多外汇需求，使人民币汇率更加平衡、更加市场化，并鼓励国内更多企业走出国门，从而减少贸易顺差和资本项目盈余"，直接表现为让国内投资者直接参与国外的市场，并获取全球市场收益。

6. QFII

QFII（Qualified Foreign Institutional Investor），合格境外机构投资者，是指外国专业投资机构到境内投资的资格认定制度。

QFII是一国在货币没有实现完全可自由兑换、资本项目尚未开放的情况下，有限度地引进外资、开放资本市场的一项过渡性的制度。这种制度要求外国投资者若要进入一国证券市场，必须符合一定的条件，得到该国有关部门的审批通过后汇入一定额度的外汇资金，并转换为当地货币，通过严格监管的专门账户投资当地证券市场。

2019年9月10日，国家外汇管理局已宣布，经国务院批准，决定取消QFII/RQFII投资额度限制。同时，RQFII试点国家和地区限制也一并取消。

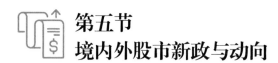

第五节
境内外股市新政与动向

企业通过IPO融资，必然要关注股市的发展动向，存在的一些困惑或者问题，必须逐渐澄清与解决。因为做融资决策时，必须时刻留意这些政策面变化的可能性。等到政策出台，强烈地反映到股市后，再决策可能已经来不及了。

因此，创业者需要关注境内外股市新政与动向。

1. 沪港通和深港通

沪港通（沪港股票市场交易互联互通机制的简称）和深港通（深港股票市场交易互联互通机制的简称）是中国内地股票市场与香港股票市场的互通机制，是指上海证券交易所、深圳证券交易所分别和香港联合交易所建立技术连接，允许两地投资者通过当地证券公司（或经纪商）买卖对方交易所上市的规定范围内的股票。

2. 外资全开放

外资全开放，是我国政府支持外资企业在中国上市的制度。外商投资企业可以依法依规在主板、中小企业板、创业板上市，在新三板挂牌，以及发行企业债券、公司债券、可转换债券和运用非金融企业债务融资工具进行融资。

3. 中国存托凭证（CDR）

中国存托凭证（Chinese Depository Receipt，CDR），是指在境外（包括中国香港）上市公司将部分已发行上市的股票托管在当地保管银行，由中国境内的存托银行发行、在境内A股市场上市、以人民币交易结算、供国内投资者买卖的投资凭证，从而实现股票的异地买卖。

4. "A+H"港股全流通

在A股上市的制度比较特殊，一家上市公司发行的股票中有很大一部分不能流通（即不能在交易所公开买卖），包括国家股、法人股等，这就是所谓的"股权分置"或"全流通"问题。一般投资者购买的是可以流通的流通股。

目前在港股上市的内地公司采用的模式主要有两种。

一种是红筹模式，也就是所谓的红筹架构，即境内公司通过股权/资产收购，或者是以协议控制的方式将境内资产转移至境外离岸公司，并通过境外公司上市的模式，这种形式上市的公司的股票从一开始就相当于"全流通"的形式。

另外一种模式就是H股架构模式（以香港英文Hong Kong命名），上市时分为内资股和外资股两类，其中外资股上市后能够在境外流通，但是内资股不行。而所谓的H股，就是内地企业在香港上市的外资股。

由于内资股不能进行全流通，实际上内资和外资股东在很多方面存在着不同，所以H股全流通完美地解决了这一问题。

目前港股市场很多公司采取的是"A+H"，即在内地市场与香港市场以同股、同价、同时的原则上市，若是大股东选择减持，在没有全流通的情况下，只能通过减持A股实现，这对A股市场造成了巨大的资金压力，而实行H股全流通，能够减轻A股的减持压力。

5. 未盈利与A股上市

未盈利企业也能上市，特别是"独角兽"回归A股有了实质性的进展。

"独角兽"企业是投资界对于10亿美元以上估值，并且创办时间相对较短的公司的称谓。"独角兽"企业多为初创的高科技公司或者互联网公司，该类企业虽然未来发展前景远大，但是初期公司资金量不足，即便到了上市阶段或许还没有达到盈利，同时当前阶段还需要大量的研发投入以及基础设备的采购，对于资金的需求比较迫切。

6. 纽交所直接上市制度

不仅在A股，为了争抢"独角兽"企业，纽交所也改规则了！无须IPO可直接上市，不通过上市流程发行新股或筹集资金，也不需要承销商，只要简单地登记现有股票，便可在资本市场上自由交易。

直接上市的好处是，可以让公司股票直接面向公众发售，过程简单，节省可能高达上亿美元的承销费用，也能防止出现股票摊薄等问题，减少上市成本。另外，还可以避免传统IPO的"锁定期"，对公司现有股东所持股份没有限制，股东可以一次性卖出所有股票。

第十二章　上市后的公司治理

>> 　上市公司治理结构主要包括"三会一层"（股东会、董事会、监事会及经营管理层）的责任和权利、表决规则及约束机制。

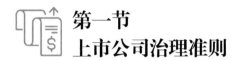

第一节
上市公司治理准则

上市公司治理准则的建立，有利于推动上市公司建立和完善现代企业制度，规范上市公司运作，促进我国证券市场健康发展。

1. 董事会议事规则

董事会负责公司或企业的业务经营活动的指挥与管理，对公司股东会或企业股东大会负责并报告工作。股东会或职工股东大会所作的有关公司或企业重大事项的决定，董事会必须执行。

董事会议事规则，是指董事会开会期间必须遵守的一系列程序性规定，这些规定是董事会规范运作、避免瑕疵的前提和基础。上市公司应在公司章程中制订规范的董事会议事规则，确保董事会高效运作和科学决策。

董事会议事规则内容一般包括：总则、董事的任职资格、董事的行为规范、董事长的权利和义务、董事会的工作程序、工作费用及其他事项。

2. 股东大会议事规则

股东大会由全体股东组成，对公司重大事项进行决策，有权选任和解除董事，并对公司的经营管理有广泛的决定权。股东大会既是一种定期或临时举行的由全体股东出席的会议，又是一种非常设的由全体股东所组成的公司制企业的最高权力机构。它是股东作为企业财产的所有者，对企业行使财产管理权的组织。企业一切重大的人事任免和经营决策一般都须得到股东会认可和批准方才有效。出席股东大会的还可以包括：非股东的董事、监事及公司高级管理人员，公司聘请的会计师事务所会计师、律师事务所律师，法规另有规定或会议主持人同意的其他人员。

董事会和股东会的区别如表12-1所示。

表12-1 董事会和股东会的区别

项目	组成不同	职责不同	性质不同
董事会	董事会由全体股东选举的董事组成，是负责执行股东会决议的常设机构	董事会的主要职责是制作和保存董事会的议事录，备置公司章程和各种簿册，及时向股东大会报告资本的盈亏情况，以及在公司资不抵债时向有关机关申请破产等	董事会的性质是解决代理问题的制度安排，属于信任托管机构
股东大会	股东大会由股东组成。股东是出资方，拥有对公司重要事项的决策权	股东大会的主要职责是对重大事项进行决策，有权选任和解除董事，并对公司的经营管理有广泛的决定权	股东大会的性质是体现股东意志的企业最高权力机构。股东大会并不具体和直接介入企业生产经营管理，既不对外代表企业与任何单位发生关系，也不对内执行具体业务，本身不能成为企业法人代表

为促进上市公司规范运作，提高股东大会议事效率，保障股东合法权益，保证大会程序及决议内容的合法有效性，所以需要制订股东大会议事规则。它是股东大会开会期间必须遵守的一系列程序性规定，这些规定是股东大会规范运作、避免瑕疵的前提和基础。

3. 监事会议事规则

在上市公司中，监事会是一个不可或缺的部门，对公司的监督管理极其重要。因此，国家对监事会进行了特别的规定。监事会议事规则具体包括以下几方面。

①监事可以列席董事会会议，并对董事会决议事项提出质询或者建议。

②监事会、不设监事会的公司的监事发现公司经营情况异常，可以进行调查；必要时，可以聘请会计师事务所等协助其工作，费用由公司承担。

③监事会每年度至少召开一次会议，监事可以提议召开临时监事会会议。

④监事会的议事方式和表决程序，除公司法有规定的外，由公司章程规定。

⑤监事会决议应当经半数以上监事通过。

⑥监事会应当将所议事项的决定做成会议记录，出席会议的监事应当在会议记录上签名。

4. 独立董事设置

独立董事是指不在上市公司担任除董事外的其他职务，且与上市公司及其主要股东不存在关联关系的董事，能够代表中小股东的利益，来监督其他董事和控股股东，在董事会上体现中小股东的诉求。

上市公司独立董事（非执行董事）具有独立性、专家性和兼职性的特点。

独立性是其最重要的特点，表现在三个方面：独立的财产，独立董事的财产应独立于其任职的公司；独立的人格，独立董事应独立于公司的股东、董事会和管理层；独立的运作，独立董事的任职应独立于公司的董事会和经理层。

专家性是指公司外聘的独立董事多是经济、法律、金融或人事管理方面的专门人才，或是其他在政府或民间有发言权或有一定影响的人士。

兼职性是指独立董事一般在公司之外都有自己的事务，他们并不在公司中任职，因而独立董事又被称为公司的兼职董事。

上市公司董事会、监事会、单独或者合并持有上市公司已发行股份1%以上的股东，可以提出独立董事候选人，并经股东大会选举决定。

5. 内部控制管理

上市公司内部控制，是一种监督与制衡机制，即对董事及高管的经营管理行为进行监督和评价，并建立有效的相互制衡的内部权力机构的机制。

上市公司内部控制有效与否，与公司业绩好坏有很大的关系。上市公司加强其内部控制水平，能够保证对法律法规的遵守、对自身经营情况的良好把握、保证经营的有效性，以及提升上市公司整体价值。

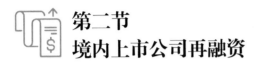 **第二节**
境内上市公司再融资

上市公司治理中，融资问题由股东会决定。上市公司除了IPO首次发行股票融资，还可以通过配股、增发和发行可转换债券等方式在证券市场上进行再融资。

1. 上市公司配股

配股是指上市公司向现有股东以优先购买权的方式发行新股份，以融资用于企业扩张、业务扩展等。配股可分为公开发行和非公开发行两种方式，公开发行需要在证券交易所上市，非公开发行通常面向特定的投资者。

新股价格是按照发行公告发布时的股票市价作一定的折价处理来确定的，折价是为了鼓励股东出价认购。当市场环境不稳定的时候，确定配股价是非常困难的。在正常情况下，新股发行的价格按发行配股公告时股票市场价格折价10%～25%。

2. 上市公司公开增发

公司选择上市的目的就是为了融资，首次公开募股，就是首次向公众兜售股份。

比如，一个市值有100亿元的公司兜售25%的股份给公众，那么IPO募集资金就是25亿元，公司便能够加大力度投入研发、生产、市场。

过了几年，公司发现25亿元不够用，需要再融资。这个时候，上市公司股票涨了10倍，百亿元的市值也变成千亿元了，公开增发10%股份就能再募100亿元。

公开增发是面对社会大众再发新股，其优势在于：第一，融资规模不受限制；第二，认购者没有锁定期限制，受短线交易限制（六个月）的股东除外。

公开增发也有三大劣势：

第一，市价发行且发行风险极大。公开增发要求发行价不低于发行期首日前20个交易日均价或前1个交易日均价，属于市价发行。在市价发行机制下，一般投资者还是会要求发行价格相对于市价有一个折扣，否则理论上投资者参与增发不如直接在二级市场购买股票。

第二，发行条件高。主板、中小板上市公司要求最近3个会计年度加权平均净资产收益率平均不低于6%；创业板上市公司要求连续两年盈利。

第三，募集资金投向限制。公开增发而募集的资金，必须用于具体项目，不能用于补充流动资金和偿还银行贷款。

公开增发由于风险大、条件高、审核难度大，是市场上的罕见品种。

3. 上市公司非公开发行

非公开发行是指上市公司采用非公开方式，向特定对象发行股票的行为。这种股票不能在证券交易机构公开买卖，只能在公司内部有限度转让。非公开发行股票，价格波动小，风险小，适合于受众的心理现状。

4. 上市公司公开发行新股

公开发行新股，是A股上市公司最佳的股权再融资方式之一。在发行新股前，保荐人必须首先辅导上市公司判断其作为发行主体是否符合公开发

行新股的法定条件，如图12-1所示。

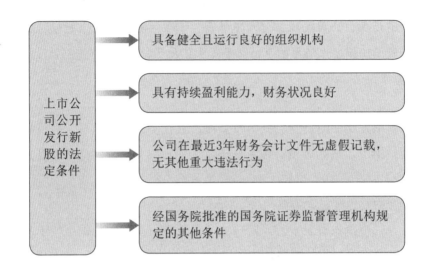

图12-1 上市公司公开发行新股的法定条件

另外，《证券法》还规定："公司对公开发行股票所募集资金，必须按照招股说明书所列资金用途使用。改变招股说明书所列资金用途，必须经股东大会作出决议。擅自改变用途而未做纠正的，或者未经股东大会认可的，不得公开发行新股。"

4. 上市公司债券发行

公司上市后，可以通过发行债券来募集资金。企业需要按照约定的还款条件按时还款。对于上市公司发行债券，要求公司有较低的负债率、明确的资金用途，如果公司负债率过高，那么发行债券的难度会很大，而且投资者也不会愿意购买该债券。

债券属于直接融资，成本比银行更占优势。目前，上市公司（特别是民企）还是以股票融资为主，这和上市公司大股东持股比例较高有很大关系，反正持股比例高，稀释一点不会有大的影响。

5. 上市公司发行可转债

可转换债券是债券持有人可按照发行时约定的价格将债券转换成公司的普通股票的债券。如果债券持有人不想转换，则可以继续持有债券，直到偿还期满时收取本金和利息，或者在流通市场出售变现。如果持有人看好发债公司股票增值潜力，在宽限期之后可以行使转换权，按照预定转换价格将债券转换成股票，发债公司不得拒绝。

可转换债券具有债权和股权的双重特性，表现为以下三个特点，如图12-2所示。

债权性

◎ 可转换债券与其他债券一样，也有规定的利率和期限，投资者可以选择持有债券到期，收取本息

股权性

◎ 可转换债券在转换成股票之前是纯粹的债券，但转换成股票之后，原债券持有人就由债权人变成了公司的股东，可参与企业的经营决策和红利分配，这在一定程度上会影响公司的股本结构

可转换性

◎ 可转换性是可转换债券的重要标志，债券持有人可以按约定的条件将债券转换成股票

图12-2　可转换债券的特点

6. 互联网金融

互联网金融，是互联网技术与金融的有机结合。在互联网金融模式下，资金供求双方可以通过网络平台自行完成信息甄别、匹配、定价和交易，无传统中介、无交易成本、无垄断利润。一方面，金融机构可以避免开设营业网点的资金投入和运营成本；另一方面，消费者可以在开放透明

的平台上快速找到适合自己的金融产品，削弱了信息不对称程度，更省时省力。

上市公司可以选择通过平台上的股权众筹、公开发行公司债券等方式来进行网络融资。这种方式不受地理位置、时间限制，能够扩大投资人的范围，提高融资的效率。

但是，网络融资也存在诸多风险和问题。例如，网络融资平台的合法性和安全性必须得到具体的检验与验证，否则存在诈骗风险。

上市公司需要选择合适的平台，了解平台的规则和限制等，确保符合相关的法律法规与监管要求，有能力管理企业财务和风险，以及在进行网络融资时与投资者建立正确的沟通关系，这些都是成功进行网络融资的必要条件。

第三节
上市公司内部控制体系

上市公司内部控制信息披露，将企业的管理过程透明化，在所有权和管理权两权分离的模式下让所有者能更好地监督管理者。

如果内部控制信息披露真实全面，一方面，企业管理层可以快速地发现企业内部控制存在的缺陷，并及时整改；另一方面可提高投资者对于上市公司的信任程度，从而大大提高投资效率，降低投资风险。

1. 信息披露

上市公司必须认真承担对投资者的信息披露义务，同时，必须将公司发生的重要事项及时向中国证监会及证券交易所报告，以保证市场监管的有效进行。上市公司信息披露的内容主要有两类：一类是投资者评估公司经营状况所需要的信息；另一类是对股价运行有重大影响的事项。

2. 年报解读与编制

年报（上市公司年度报告）是上市公司信息披露制度的核心，指上市公司一年一度对其报告期内的生产经营概况、财务状况等信息进行披露的报告。

根据我国现行年报披露要求，上市公司年报及其摘要的主要内容如下。

（1）公司简介

公司名称及缩写，公司法定代表人，公司董事会秘书及其授权代表的姓名及联系方式，公司注册地址、办公地址及联系方式，公司选定的信息披露报纸名称，登载公司年度报告的中国证监会指定国际互联网网址，公司年度报告备置地点，以及公司股票上市交易所、股票简称和股票代码等。

（2）会计数据和业务数据摘要

列示公司本年度实现的一系列经营指标，采用数据列表方式提供截至报告期末公司前三年的主要会计数据和财务指标，并列示报告期内股东权益变动情况，并逐项说明变化原因。

（3）股东变动及股东情况

股本变动情况和股东情况介绍。

（4）股东大会简介

具体说明报告期内召开的年度股东大会和临时股东大会的有关情况。

（5）董事会报告

公司经营情况、财务状况、投资情况、生产经营环境，宏观政策法规发生了重大变化的情况，新年度的业务发展计划，董事会日常工作情况，公司管理层及员工情况，利润分配预案或资本公积金转增股本预案，其他报告事项。

（6）监事会报告

报告期内监事会的工作情况，包括召开会议的次数、各次会议的议题等。监事会应对公司依法运作情况等发表独立意见。

（7）重大事项

重大诉讼、仲裁事项，报告期内公司、公司董事及高级管理人员受监管部门处罚的情况，报告期内公司控股股东变更及人事变动情况，公司收购及出售资产、吸收合并事项的简要情况及进程，公司重大关联交易事项等一系列与公司经营相关的重要事项。

（8）财务报告

包括审计报告、会计报表和会计报表附注。

（9）其他有关资料

中国证监会、证券交易所和公司认为需要披露的其他事项。

年报披露的内容是投资者完整了解公司时所必要的、有用的信息。投资者对年报披露的信息进行认真的阅读和分析，有利于捕捉年报所包含的重大线索与信息，发掘年报信息中所隐含的投资机会。

3．风险警示

上市公司出现财务异常或者其他异常情况，导致其股票存在被强制终止上市的风险，或者投资者难以判断公司前景，投资者权益可能受到损害，存在其他重大风险的，交易所对该公司股票实施风险警示。

风险警示分为退市风险警示和其他风险警示。

上市公司股票被实施退市风险警示的，在公司股票简称前冠以"*ST"字样；上市公司股票被实施其他风险警示的，在公司股票简称前冠以"ST"字样，但交易所另有规定的除外；公司股票同时被实施退市风险警示和其他风险警示的，在公司股票简称前冠以"*ST"字样。

4．停牌和复牌

停牌是指股票由于某种原因导致有价证券的连续上涨或下跌，上市公司所在的证券交易所决定暂停其在证券市场上的交易。

待情况调查清楚或企业恢复正常后，证券交易所视情况恢复被停牌的证券交易，这就是所谓的复牌。

5．终止和重新上市

终止上市是根本地、绝对地消灭公司上市资格的程序，而仅暂时停止股票或公司债券的交易是暂停上市。

重新上市是指对被实施退市风险警示的上市公司股票在证券交易所申请重新上市。

第十三章 市值管理——产融结合的进化之路

>> 市值管理是企业在资本市场上以解决产融结合问题为导向，建立一种长效组织机制，致力于追求公司价值最大化，为股东创造价值，并通过与资本市场保持准确、及时的信息交互传导，维持各关联方之间关系的相对动态平衡。

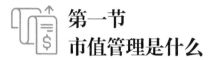 第一节
市值管理是什么

高效的市值管理，是在上市公司市值被高估或低估时，综合应用商业模式创新、股权激励、投资者关系管理、定向增发等资本运作的手段，使公司内在价值与市场价值统一协调，并实现公司价值和股东价值最大化。

1. 账面价值、内在价值和市场价值

对于上市公司而言，企业股票的账面价值就是股票的价格，市场价值就是某一时间点上以股票计算的上市公司的总价值。内在价值是比较虚的概念，是一定的权威机构认定这只股票应该存在的合理价格，通过这个价格表示这只股票应该具有的实际价值。

2. 价值创造、价值实现和价值经营

价值创造，就是上市公司生产、供应满足目标客户需要的产品或服务的一系列业务活动及其成本结构。它是由内在经济价值决定的。经济价值是一个与企业未来密切相关的概念，是企业未来经济收益和成本的净现值。价值创造是企业生存与发展的关键，是企业追求的最终目标。

价值实现就是通过与股东和外部投资者之间的有效沟通，提高价值创造与资产或者股票价值的关联性，避免企业价值与市场价值产生巨大差异，使经营业绩有效地反映于资本市场的股东投资收益。

价值经营，就是当上市公司内在价值与市场价值有落差时所进行的企业经营管理。当市场价值被高估时，对内需要进行价值重建，以确保公司价值创造能力的提升；当市场价值被低估时，对外要与股东和外部投资者做有效的价值沟通，避免因为缺乏资讯的透明度与不对称造成预期落差，导致投资价值减损，阻碍价值实现的最终目标。因此，追求企业价值最大化的价值经营过程，要重视资产的价值创造和价值实现两个方面。

3. 避免市值管理的误区

股价是上市公司内在价值的外在表现，市值管理的本质在于总股本，即总股本（股权）结构的动态优化和股本总量的良性变动，其核心是提高上市公司质量。因此，可以将市值管理界定为：上市公司在科学判断自身股价变动趋势的基础上，创造性地运用资本市场创新工具，不断动态优化股权结构和适时增减股本总量，以提高上市公司质量为核心，促使其市值真实地反映公司内在价值的各种行为的总和。

要规范上市公司市值管理行为，就需要建立市值管理制度，在理论和实践上统一认识，避免误区。

（1）市值管理的理论误区

避免市值管理的理论误区，主要体现在以下两点。

第一，避免市值管理的概念被泛化。目前，上市公司市值管理的宣传案例中，公司治理、投资者关系管理、定价管理、股权激励、股价管理、增发、信息披露、薪酬政策、并购重组、回购、减持、分红政策等全部都被作为市值管理的手段，由此导致目前市值管理实践中"概念炒作"成风。市值管理的概念过于泛化，而且无实质内容，让人难以理解，容易将市值管理作为一个"概念筐"来囊括上市公司的所有活动。

第二，市值管理绝非股价管理。根据市值的计算公式：市值＝股价×总股本，基于总股本不变的前提，认为市值管理就是提高股价，实现股东价值最大化的市值管理，被误解为股价最大化，从而导致操纵股价的恶劣行为盛行。

（2）市值管理的实践误区

在实践中，以市值管理之名恶意坐庄、操纵股价的行为，严重扰乱了资本市场的秩序。为了规范市值管理，需要建立正确的市值管理制度，市值管理的本质和内涵亟待正本清源。

第一，以市值管理为名，恶意坐庄。为了牟取暴利，部分机构与上市公司签订市值管理协议，实为恶意坐庄。一般先与上市公司达成协议，事先确定好股价大致目标，然后公司放出利好或利空消息，从而达到低吸高抛的目的，最终实现收益共享。

第二，以市值管理为名，实现实际控制人和高管减持套现。有的上市公司和高管以市值管理的名义，与私募合谋操纵股价。一般在限售股解禁前几个月，上市公司高管和控制人与私募机构签署"市值管理协议"，先是私募机构筹集资金并利用多个自然人账户逐步建仓，然后上市公司发布利空消息，打压股价，配合低价建仓。随后上市公司再发布利好消息如高送转、收购等，配合抬高股价，而后高管及关联人通过大宗交易减持，有的甚至附之以"财经公关服务协议"，通过媒体宣传，配合二级市场操作。这种"内外合谋、控制披露、媒体推荐"的手法，名为"市值管理"，实为市场操纵。有的公司控制人通过"讲故事"方式制造市场热点，采取"披露重大重组—股价上涨—减持—披露重组失败—股价下跌"的手法，实现高价减持，深受市场质疑。

第三，假借"PE+上市公司"市值管理之名，实现制度套利。一些产业并购基金假借市值管理之名，通过大宗交易接盘，或从二级市场先增持股份，实现利益绑定，然后帮助上市公司定向增发和产业整合，实现退出。看似合理合法，实质上钻了政策和制度漏洞，牟取暴利。由于市值管理的本质目前没有明确的界定，PE机构与上市公司的很多合作案例往往也容易陷入市值管理和炒作的争议之中，颇受市场质疑。

目前，上市公司及其控股股东参与市值管理的数量越来越多，大有愈演愈烈之势，与之相伴充斥着各种灰色交易。因此，如不能及时对市值管理正本清源，可能会导致资本市场多走几年弯路，并直接影响到我国产业的转型升级和创新驱动。

4. 市值管理的主要影响因素

市值管理有以下两个计算公式：

第一个公式：市值=股价×股本。从这个公式的角度出发，认为市值管理就是管好股价、股本。

另一个计算公式：市值=税后净利润×市盈率。这是从估值理论出发，认为市值管理是资本市场对公司内在价值认可程度的"溢价管理"，这种认识比较贴近VC和PE的观点。

由此可以得出，市值管理的四个主要影响因素，如图13-1所示。

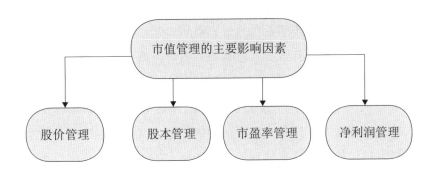

图13-1　市值管理的主要影响因素

（1）股价管理

由于市值=股价×股本，所以在股本数不变的情况下，市值的大小取决于股价的高低，但是市值管理不是股价管理。如果把市值简单地理解为对股价和股本两个变量的把控，上市公司及实际控制人就容易陷入邪道：无限拉高股价。

股价高低是影响市值大小的关键因素，但股价管理绝不是操纵股价。股价只是公司内在价值的市场反映而已，受股票市场走势和投资者情绪影响比较大，而且这些都是上市公司无法左右的。

股价管理的正确方式，首先通过价值创造的方法和手段创造企业的内

在价值，然后通过价值实现的方法和手段使得资本市场认可企业的内在价值，再通过价值经营的手段提升资本市场给以企业的"溢价"。

（2）股本管理

在A股市场，上市公司披露高送转必会引起股价上涨，对于这种"股本扩张=价值增长"的认识，虽然不全对，但是有一定道理。股本是相对静止的，有些上市公司的股本几年没有变化，这样是不利于市值管理的。

股本管理是一种资本思维，主要包括股本结构优化和股本总量扩张。

中国上市公司的实际控制人基于对公司控制权的考虑，总是尽可能多地持有股份，形成一股独大的局面，其实这种股权结构是不利于市值管理的。正确做法应该是保持相对控股，盘活存量股权。上市公司的实际控制人没有必要一股独大，只需要保留34%以上的相对第一大股东的地位，再通过公司章程和董事会议事规则的设计，就可以牢牢控制上市公司。同时，他们可以把多余的股份释放到二级市场。这样，既可以充分体现公司的内在价值，又可以增强二级市场的流动性。

在公司利润支撑下，上市公司的分配方案中尽量用利润送股或者用资本公积金转增股本。这是最主要的股本扩张方式。在并购交易方案设计中，尽量通过配股、定增和发行股份购买资产的手段，而少用存量现金购买。

（3）市盈率管理

市盈率=普通股每股股价/上一年的每股盈余。市盈率作为评估一家上市公司股价水平与盈利能力是否匹配的指标，常用来比较不同价格的股票是被低估还是高估。

公司市值=市盈率×净利润，所以资本市场上有人把市值管理等同于市盈率管理，认为尽可能提高市盈率就是最好的市值管理手段。市盈率代表资本市场对公司股价的一种认同，这种观点具有一定道理，但是影响公司市盈率的因素很多，并不是市盈率越高越好，关键要通过市场与公司的协同程度来看市盈率是否健康。

（4）净利润管理

看一家上市公司的财务数据，最重要的非净利润和净利润增长率莫属。净利润代表着公司当前的内在价值，净利润增长率代表着公司的成长性。如果净利润和净利润增长率高于行业平均水平，资本市场给予的市盈率也会高于市场平均水平，从而市值也会高于平均水平。

提升净利润和净利润增长率的方法有两个：一是内生式增长，主要通过商业模式创新来实现；二是外延式增长，通过并购、重组来实现。这两种方法不是割裂的，而是相互配合，共同起作用的。

5. 市值管理是一把"双刃剑"

市值管理是上市公司的战略管理，是通过上市公司管理者与投资者关系的管理来实现的，是创造价值和价值实现的过程。

上市公司进行市值管理，比如关注股价，并采取一些积极的措施来推高股价，这对于二级市场和中小投资者来说都是利好。在很多人看来，市值管理被赋予了"救市"的功能，成为有助于股价上涨的有力措施。

但是，一直以来，市场对上市公司的市值管理存在颇多争议。虽然国家鼓励上市公司建立市值管理制度，但是到了实践环节，不少公司的市值管理误入歧途，操纵股价、炒作题材、概念包装，更有不少急功近利的投资机构，抱着赚快钱的心态，借着市值管理的幌子，在二级市场肆意妄为，坐庄式市值管理屡见不鲜。这些被扭曲的市值管理后面，往往伴随着中小投资者遭受巨大的经济损失。

在这种背景下，市值管理成为一把"双刃剑"：一方面，有利于改善上市公司的管理层的约束和激励机制，提升业绩；另一方面，可能导致上市公司的控制者或者投资机构急功近利，为谋取个人财富，不惜操纵股价，摧毁企业的根基。

6. 市值管理只有上市公司需要吗?

从市值管理的概念可以看出，市值管理重在公司价值的管理，主要体

现在公司业绩的可持续性提升、战略规划、有效资源整合、并购重组、行业地位提升、核心技术研发、公司全面创新、周期性行业的逆周期规划、风险管理等方面。

对于非公众公司，也就是非上市公司，市值管理更重要。因为在融资渠道上，那些大型的上市公司不仅可以拿到信用贷款，还可以以较低的成本发行公司债券，包括公司债、私募债、银行的短期融资债券等。而非上市公司的信用信息不透明，公司体量又小，在资本市场上，融资难、融资渠道受限，而且融资成本也高。但是从企业初创到消亡的生命周期来看，这种创业公司、高新企业对资金的需求往往来得更强烈。

在资本市场上进行市值管理，相当于给创投基金和非上市公司搭建了一座桥梁，非上市公司可以得到更专业的资本运作服务，投资风险更低，成功率更高。

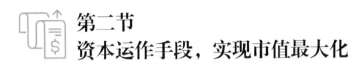

第二节
资本运作手段，实现市值最大化

资本运营的根本目的，就是实现企业价值的最大化。在资本市场中，影响上市公司市值的因素有很多。

1. 商业模式创新

现阶段，商业模式的作用在企业经营中的地位不可小觑。但是市场千变万化，企业商业模式不能一成不变。所谓商业模式创新，就是指以新的有效方式赚钱，根据市场需求和自身发展进行重塑，而这个过程，最重要的内容是创新。

与此同时，很多项目通过风投资金和资本运作的支持得到升值，商业模式是得以实现市值最大化的一种重要因素。资本运作相对于企业生产经营而言，表现为更高层次的经营，它在提升企业价值、优化产品结构、实现资源优化配置、提高企业管理水平等方面都起到了积极作用。企业的资本升值，成为加速企业发展的助推器。

2. 股权激励

股权激励是企业可持续发展的双赢模式，一般是由经理人来运营的。职业经理人对于上市公司运营状况、经营模式要比股东了解得多得多，同时由于这种信息上的不对称，经理人就有可能会为了自己的短期利益而牺

牺掉公司的长远利益。那么，如何能够让经理人在运营公司的过程中尽量考虑到公司的长远利益，也就是股东的利益呢？

办法很简单，就是让经理人也拥有股权，成为公司的股东，这样就实现了公司经理人与股东之间的利益绑定。这时候，股权激励的机制就应运而生了。

企业的全面、协调、可持续发展，最根本的要求就是有一支忠诚于企业，且具有良好政治思想素质、文化素质和业务素质的职工队伍。股权激励对于提升员工对企业的归属感和忠诚度大有益处。

股权激励要遵循以下三条原则：第一，人的价值高于物的价值。卓越的企业总是把人的价值放在首位，物是第二位的。第二，共同价值高于个人价值。卓越的企业倡导的团队精神、团队文化，其本意就是倡导一种共同价值高于个人价值的企业价值观。第三，社会价值高于利润价值，用户价值高于生产价值。

股权激励是企业为了激励和留住核心人才而推行的一种长期的激励机制。股东为了使公司能持续发展，会把员工利益和公司利益紧密地联系在一起，形成利益共同体，以此提高员工的积极性和创造性，从而实现企业的长期目标，实现市值最大化。

3. 投资者关系管理

投资者关系是上市公司的战略管理职责，它运用金融、沟通和市场营销学的方法来管理公司与金融机构及其他投资者之间的交流，以实现企业价值最大化。也就是说，投资者关系管理其实是资本运作的一种手段，目的是实现市值最大化。

上市公司通过信息披露与交流，加强与投资者及潜在投资者之间的沟通，增进投资者对公司的了解和认同，提高公司治理水平，以实现公司整体利益最大化和保护投资者合法权益。

投资者关系管理所涉及的工作主要为：相关信息的收集与分析；在充分信息披露的同时，与投资者进行及时、有效的信息沟通；维系良好公共关系；信息的传导。

4. 定向增发

定向增发不仅是上市公司再融资工具（这部分内容上一章讲述过），还是市值管理的手段。

定向增发，就是向有限数目的资深机构（或个人）投资者发行债券或股票等投资产品。发行价格由参与增发的投资者竞价决定。

上市公司较多采用定向增发这种融资方式，其特点如图13-2所示。

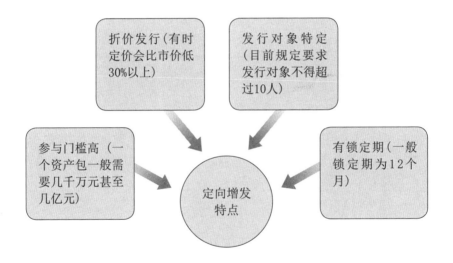

图13-2 定向增发特点

定向增发有两种常见情形：一种是大投资人（例如外资）欲成为上市公司战略股东，甚至成为控股股东。以前没有定向增发，他们要入股通常只能向大股东购买股权（如摩根士丹利及国际金融公司联合收购海螺水泥14.33%股权），新股东掏出来的钱进的是大股东的口袋，对做强上市公司直接作用不大。另一种是通过定向增发融资后去并购他人，迅速扩大规模。

第十四章 战略式扩张：并购与重组

>> 当下，资本市场并非"华山一条路"。通过被上市公司并购重组，就是一条实现资产证券化，抢滩登陆资本市场的捷径。比如，部分IPO排队企业面临不再满足IPO标准的可能，或不愿继续排队，而选择被并购的方式实现资产证券化。这种新的做法，对于计划上市的企业来说，的确是一个启发性的思路；对于二级市场的投资者来说，这也提供了看待并购重组和投资机遇的新视角。

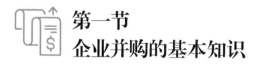

第一节
企业并购的基本知识

兼并、收购（简称并购，M&A）是上市公司价值快速增长的主要方式，是一种战略式扩张，可以使上市公司现有资产规模在很短的时间里迅速增加。对于被收购方而言，通过被上市公司并购，是实现资产证券化、抢滩登陆资本市场的一条新兴通衢。

1. 企业并购的主要融资方式

并购融资是指并购企业为了并购目标企业而进行的融资活动。根据融资资金的来源不同，可分为内源融资和外源融资两种。

（1）内源融资

内源融资是指企业通过自身生产经营活动获利并积累所得的资金。其数额的大小，主要取决于企业可分配利润和利润分配政策（股利政策），一般无须花费融资费用，从而降低了融资成本。

（2）外源融资

外部融资是指并购企业向外部筹措资金而形成的融资来源。比如：发行股票、债券和向银行借款、取得商业信用等。外源融资一般需要一大笔融资费用，从而增加了融资成本。

外源融资根据资金性质又分为债务融资和权益融资。

债务融资就是通过对外举债获得资金，包括银行贷款、发行公司债券等；权益融资就是通过吸收直接投资，发行普通股、优先股等方式取得资金。

2. 企业并购融资方式选择的影响因素

在并购融资方式的选择上，应该考虑哪些因素呢？

（1）融资成本高低

融资都是有成本的，即使是内源融资，资金的使用也绝不是"免费的午餐"。其成本的高低直接影响到资金的取得和使用。

企业融资时应首先利用内源融资，然后再考虑外源融资。在外源融资中优先考虑债务融资，不足时再考虑权益融资。权益融资的资金可供长期使用，不存在还本付息的压力，但容易稀释股权，威胁控股股东控制权，而且以税后收益支付投资者利润，融资成本较高。

（2）融资风险大小

并购融资风险可分为并购前融资风险和并购后融资风险。

并购前融资风险是指企业能否在并购活动开始前筹集到足额的资金保证并购顺利进行。

并购后融资风险是指并购完成后，企业债务性融资面临着还本付息的压力。债务性融资金额越多，企业负债率越高，财务风险就越大。同时，企业并购融资后，要考虑该项投资收益率是否能弥补融资成本，如果投资收益率小于融资成本，则并购活动只会损害企业价值。

因此，企业在谋划并购活动时，要考虑融资风险。

（3）融资方式对企业资本结构的影响

资本结构是企业各种资金来源中长期债务与所有者权益之间的比例关系。并购融资会影响到企业的资本结构，从而影响到公司治理结构，因而并购企业可通过一定的融资方式达到较好的资本结构，实现股权与债权的合理配置，优化公司治理结构，降低委托代理成本，保障企业在并购活动完成后能够增加企业价值。

因此，企业并购融资时，必须考虑融资方式对企业资本结构的影响，

根据企业实力和股权偏好来选择合适的融资方式。

（4）融资时间长短

融资时间的长短也能影响并购的成败。

面对有利的并购机会时，如果能够及时获取并购资金，有利于保证并购成功进行；反之，会失去最佳并购机会。在我国，通常获取商业银行信贷时间比较短，而发行股票融资面临着严格的资格审查和上市审批程序，所需时间超长。

因此，企业在选择融资方式时要考虑融资时间问题。

3. 境内整体并购

境内整体并购是指企业以资产为基础，确定并购价格，收购企业拥有目标公司的全部产权的并购行为。

整体并购可以分为两类，如图14-1所示。

总资产并购

◎ 又称净资产负债并购，是指企业以目标公司总资产（净资产与负债的和）为目标价格，受让目标公司全部产权的并购行为

负债并购

◎ 是指企业以承担目标公司的债务为条件，受让目标公司全部产权的并购行为

图14-1 整体并购的分类

整体并购具有以下特点：企业以资产来确定并购价格，而不是以股权来确定；并购行为结束后，并购方拥有目标公司全部产权；并购后，一般会将目标公司改组为自己的分公司、分厂或全资子公司，或改组为控股子公司。

整体并购的优点在于，并购方可以在不受任何股东干预的情况下，对目标公司进行改造；缺点在于，在并购过程中以及并购后要投入大量的运

营资金，不宜发挥低成本并购的资金效率。

4. 跨国并购的融资方式

跨国并购是跨国兼并和跨国收购的总称，指一国企业（又称并购企业）为了达到某种目标，通过一定的渠道和支付手段，将另一国企业（又称被并购企业）的所有资产或足以行使运营活动的股份收买下来，从而对另一国企业的经营管理实施实际的或完全的控制的行为。

跨国并购是跨国公司资本输出的一种方式，会涉及两个及以上国家的企业、市场和法律制度。一个国家企业向其他国家投资时，常常需要融资，而跨国并购可以比较容易地获得融资。

具体说来，跨国并购完成后，并购方可以通过以下途径获得资金，如图14-2所示。

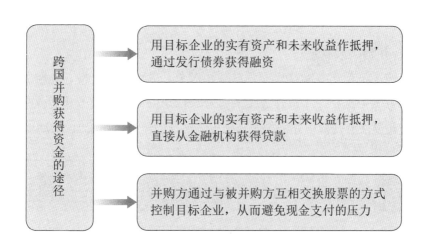

图14-2　跨国并购获得资金的途径

通过跨国并购，并购企业常常以低价获得其他国家企业的资产或股权。比如，被并购企业低估了自己某项资产的价值，被并购企业亏损或不景气，被并购企业股票暴跌的时候收购其股票等。

此外，跨国并购还可以有效降低进入新行业的壁垒，大幅度降低企业发展的风险和成本，充分利用经验曲线效应，获得科学技术上的竞争优势等。

 # 第二节
企业并购方案策划

上市公司对外并购，并非简单地设立子公司，而是对目标企业进行控制。信息不对称的风险非常大，因为并购不当造成重大利益损害的事件频频发生。因此，在正式并购之前，制订科学合理的并购交易方案至关重要。

1. 并购决策制定

并购决策是在并购过程中，对并购对象、并购对象价格、并购方式等在多个方案中选择一个较佳方案的过程。由于并购是一项专业而复杂的活动，因此要注意发挥中介机构尤其是投资银行的作用，如图14-3所示。

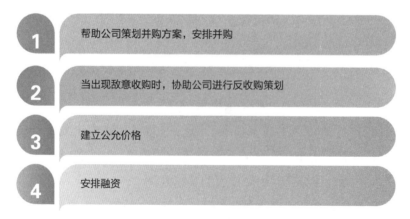

1 帮助公司策划并购方案，安排并购

2 当出现敌意收购时，协助公司进行反收购策划

3 建立公允价格

4 安排融资

图14-3 投资银行的作用

制定并购决策，首先要确定是股权并购还是资产并购。

一般来说，股权并购相对简单，资产负债整体承接也利于原股东退出，因此，股权并购是采用最多的并购方式。但是，如果标的公司内部比较复杂，可能涉及大额或有负债等情形，或者并购目的仅仅是获取其中一些核心资产时，也可以采取资产并购。

如果是股权并购，最重要的是确定收购比例。一般来说，根据并购目的不同，收购比例主要有以下三种，如图14-4所示。

股权 100% 的收购

◎ 需要收购资金非常充足，收购方需要对目标公司进行全面控制，对目标公司全面接管经营，原股东往往退居二线或者全身而退。这种方式往往适用于行业上下游的并购

股权 67% 以上的收购

◎ 即绝对控股方式收购，一方面考虑了收购方的全面控制目标公司的意愿；另一方面，会给以前的股东和管理层留有部分股权，作为股权激励或者业绩担保等

股权 51% 以上的收购

◎ 即相对控股方式收购，优点是资金要求不高又能达到控股并表的目的；缺点是如果没有特别约定的话，对重大事项缺乏一票否决权，不利于完全控制公司

图14-4　股权并购的收购比例

2. 并购目标选择

确定了股权收购比例之后，下一步就需要确定具体的收购对象。

并购目标必须符合并购企业发展战略要求。一般来说，实施横向一体化战略的企业，会选择产业链同一层次的企业作为潜在并购对象，其并购对象往往选择与主并购企业构成竞争关系的企业。而实施纵向一体化战略

的企业，其并购对象往往选择与主并购企业存在产业链上下游协作关系的企业。

并购一般有两种方式：一是直接收购；二是间接收购，即收购目标公司的控股方。具体采取哪种收购方式，要看尽职调查过程中具体产生的障碍综合确定。

3. 并购时机选择

并购时机的选择，应该基于上市公司整体的发展战略需要。在选择并购时机时，需要从以下四个维度进行考虑。

（1）宏观经济形势

整体考虑全球经济，分别考虑并购区域经济，重点考虑不同区域市场之间的差异。

比如，结合中国经济转型，考虑欧债危机带来的跨国并购机会。

（2）资本市场形势

并购企业要学会利用不同资本市场估值的剪刀差进行跨市场并购。

比如，国内中小企业与国外中小企业估值的差异，A股创业板市场的高估值与国内未上市公司的低估值之间的差异等。

（3）行业情况

行业发展的不同周期，行业技术不断更新换代，行业市场竞争格局的不断变化等，其中蕴含着不同的并购机会。

行业发展的四个阶段，如图14-5所示。

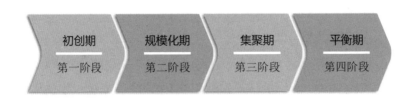

图14-5　行业发展的四个阶段

第一阶段，初创期的市场。集中度极低，甚至是完全分散，此时行业主要以内生性增长为主，行业内发生收购事件的可能性较低。

第二阶段，规模化期。企业规模越来越重要，行业领导者开始主动进行产业整合，此时行业中已经很难诞生新创企业。

比如，当下我国太阳能产业处于规模化期，在该阶段出现了不少整合案例：2009年，晶科能源收购浙江太阳谷；2011年，晶澳太阳能收购中国单晶硅晶圆供应商阳光硅谷电子科技有限公司。

第三阶段，集聚期。巨头之间兼并，行业进入寡头竞争的格局。

例如，2000—2005年PC行业竞争进入集聚期，此时巨头之间采取相互兼并方式进行扩张：2001年惠普收购康柏，2005年联想收购IBM公司的PC业务。

第四阶段，平衡期。行业规模增长已十分困难，几个寡头之间的竞争达到一种动态平衡的状态。此时行业中的企业将会对涉及产业链上的其他行业的企业进行收购，以取得发展。

例如，最近几年互联网三大巨头百度、阿里巴巴、腾讯（BAT）对自己产业链上企业的收购：百度收购PPS、91无线；阿里巴巴收购新浪微博、UC、高德等；腾讯收购搜狗。

（4）企业情况

在企业初创、成长、成熟、衰退的不同发展时期，具有不同的并购策略及并购时机选择。

在初创期，企业更适合选择内生发展方式，以培养自己的核心竞争能力及积累并购资源。

在成长期，可以专注于行业整合，以期在即将到来的成熟期成为寡头竞争者之一，如前述太阳能行业里的晶澳太阳能及晶科能源的选择。

在成熟期，巨头之间将会进行兼并，如前述案例中的联想兼并IBM公司的PC业务，惠普兼并康柏。

在衰退期，企业需利用自身的优势向其他行业发展，尤其可以选择收购与自身所处行业产业链相近的标的企业进行扩张。

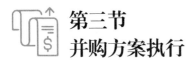 **第三节**
并购方案执行

根据并购交易的基本方案确立双方接下来谈判和尽职调查的基本框架，有利于后续深入开展合作。

1. 并购企业价值分析

并购往往面临信息不对称、经营管理人才缺乏和文化整合失败的挑战。因此，对并购企业进行价值分析非常关键。

与商品交易不同，上市公司并购是在资本市场上交割企业和资产。商品一般具有标准化和可分割性的属性，而企业及其资产则是一个动态、复杂的实体，其在交易过程中，受外在条件和内在因素的交互作用，会发生变化，并导致上市公司对并购企业的价值评估发生变化。

因此，采用有效的并购价值评估方法，对整个并购活动和过程进行公正的价值评估，是非常关键的。

2. 并购项目评估定价方法

并购估值，是买卖双方对标的（股权或资产）购入或出售作出的价值判断。标的估值取决于并购方对其未来收益的大小和时间的预期。

企业价值评估方法主要有以下三种。

（1）成本法

成本法，又叫"资产价值基础法"，是指客观地评估企业的整体资产和负债，以被估企业的资产负债表为基准来确定被估企业的价值。站在并购方角度，并购资产时容易接受不大于重置成本的价格或使用方式一样的替代品价格。

成本法的评估结果，以资产负债表的形式表示，账面净资产值直观、确定、容易理解。但是成本法模糊了单项资产与整体资产的区别。整体性资产具有综合获利能力，它由单项资产构成，却不是单项资产的简单加总，而是经过企业有效配置后作为一项独立的获利能力而存在。成本法无法反映这种单项资产组织起来的无形资产。

因此，成本法适用于可复制、可再生、可重建和购买的，具有有形损耗和无形损耗特性的单项资产。比如：各种机器设备、房屋建筑物等有形资产，技术专利、版权等无形资产。

（2）市场法

市场法，又叫"市场比较法"，是指将标的资产与近期市场上交易成功的相似案例进行比较，根据待估对象与可比案例之间的差异，调整差异因素，最终确定待估资产价值的一种方法。

市场法评估，常采用的方法是直接比较法。利用参照物的交易价格，用市场售价类比法或者价值比率法，在参照物交易价格的基础上进行修正从而得到评估对象价值。

市场法能客观地反映当前市场状况，能较好地反映当前市场价格，评价结果易于被各方理解和接受。

（3）收益法

收益法，又叫"未来收益折现法"，是指通过估算被评估资产在未来的收益预测，并采用适宜的折现率或资本化率折算成现值，然后累加求和得出被评估资产评估值的一种评估方法。

收益法充分考虑了资产未来收益和货币时间价值，能真实准确地反映企业本金化的价值，且资产未来预期收益的折现过程与投资过程相吻合。

因此，收益法得到的评估结论易为买卖双方所接受。

但收益法主要依靠被并购方企业历史营运数据来推测未来营运数据，若历史数据不充足或未来运营风险性较大，便会对收益法评估造成限制，进而影响评估结果。因此，收益法需要完备的基础资料和经验丰富的评估人员。

3. 影响估值的因素

上市公司进行并购时，主要依靠被收购企业的财务数据，此外还有以下几个因素会影响评估价格。

（1）对并购企业无形资产不够重视

在并购时，总会涉及对无形资产的评估，它不具有实物形态，例如：土地使用权、专利权等。这些资产不是为了出售，而是供企业使用，而且对被并购能带来的利润价值是难以确认的。

（2）债权债务评定不够

在并购时，债务过多会导致企业经济利益向外流出，负债包括应付款项、长短期以及各种借款等。但是评估机构对债权债务进行评定时，只是在报告中做出简单的描述，抵押、质押、担保等活动都被忽略，结果导致该项债权债务被忽视，以至于在完成了企业并购后，该项债务被并购方所承担，后续的各种债权人都对并购企业进行追债，让该项并购活动不那么公正，使并购企业陷入经济纠纷。

（3）其他不可控因素

世界经济的发展格局、国家宏观经济的发展状况、市场经济体制的完善程度、法律法规的健全程度、税后优惠政策等来自企业外界的诸多不可控因素，都会影响被并购企业的资产评估。

4. 并购执行：合同签署、股权变更、交割

并购双方通过资产评估确定资产整体价值，据此进行平等谈判协商，最后形成成交价格。并购价格一经确定，并购程序便进入实质执行阶段，

双方协商达成一致意见后开始签订正式协议书，明确双方的权利和义务。

并购发生后，企业的法人资格发生了变化。协议生效后，双方要向工商等有关部门申请办理企业登记、企业注销、股权变更、房产变更、土地使用权转让等手续。

并购双方的资产交割，须按协议办理移交手续，经过验收、造册、双方签字后，会计据此入账。被并购企业未了的债权、债务，按协议进行清理，并据此调整账户，办理更换合同、债据等手续。

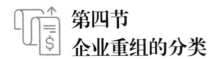

第四节
企业重组的分类

企业并购后需要进行重组，以确保业务顺畅和有效地整合。

企业重组，是对企业的资金、资产、劳动力、技术、管理等要素进行重新配置，构建新的生产经营模式，使企业在变化中保持竞争优势的过程。

企业重组的分类主要有以下几种。

1. 债务重组

债务重组是指债务人发生财务困难的情况下，债权人按照其与债务人达成的书面协议或者法院裁定书，就其与债务人的债务作出让步的事项。

2. 股权重组

股权重组之前，先要进行股权收购。

股权收购，是指一家企业（收购企业）购买另一家企业（被收购企业）的股权，以实现对被收购企业控制的交易。收购企业支付对价的形式包括股权支付、非股权支付或两者的组合。

（1）股权支付

企业重组中购买、换取资产的一方支付的对价中，以本企业或其控股企业的股权、股份作为支付的形式。

（2）非股权支付

以本企业的现金、银行存款、应收账款，本企业或其控股企业股权和股份以外的有价证券、存货、固定资产、其他资产，以及承担债务等作为支付的形式。

3．资产收购

资产收购，是指一家企业（受让企业）购买另一家企业（转让企业）实质经营性资产（包括固定资产、无形资产、存货等）的交易。受让企业支付对价的形式包括股权支付、非股权支付或两者的组合（参见前述股权收购）。

4．合并、分立

合并可分为吸收合并和新设合并两种方式。

吸收合并：A+B=A。

新设合并：A+B=M。

分立可采取存续分立和新设分立两种形式。

存续分立：A=A+B。

新设分立：M=A+B。

5．资产重组

资产重组是指企业改组时将原企业的资产和负债进行合理划分和结构调整，经过合并、分立等方式，将企业资产和组织重新组合和设置。

资产重组分为内部重组和外部重组。

内部重组，是指企业（或资产所有者）将其内部资产按优化组合的原则进行的重新调整和配置，以期充分发挥现有资产的部分和整体效益，从而为经营者或所有者带来最大的经济效益。内部重组是资产内部配置发生变化，而所有权不变。

外部重组，是企业或企业之间通过资产的买卖（收购、兼并）、互

换等形式，剥离不良资产、配置优良资产，使现有资产的效益得以充分发挥，从而获取最大的经济效益。外部重组的本质是资产所有权的转移，也就是资产的买卖。

上市公司的资产重组，是指通过收购资产、资产置换、出售资产、租赁或托管资产、受赠资产，以及对企业负债的重组等方式，实现资产重组。

当企业规模太大，导致效率不高、效益不佳时，就应当剥离出部分亏损或成本、效益不匹配的业务；当企业规模太小、业务较单一，导致风险较大时，就应当通过收购、兼并适时进入新的业务领域，开展多种经营，以降低整体风险。